Direitos Humanos

O GEN | Grupo Editorial Nacional – maior plataforma editorial brasileira no segmento científico, técnico e profissional – publica conteúdos nas áreas de concursos, ciências jurídicas, humanas, exatas, da saúde e sociais aplicadas, além de prover serviços direcionados à educação continuada.

As editoras que integram o GEN, das mais respeitadas no mercado editorial, construíram catálogos inigualáveis, com obras decisivas para a formação acadêmica e o aperfeiçoamento de várias gerações de profissionais e estudantes, tendo se tornado sinônimo de qualidade e seriedade.

A missão do GEN e dos núcleos de conteúdo que o compõem é prover a melhor informação científica e distribuí-la de maneira flexível e conveniente, a preços justos, gerando benefícios e servindo a autores, docentes, livreiros, funcionários, colaboradores e acionistas.

Nosso comportamento ético incondicional e nossa responsabilidade social e ambiental são reforçados pela natureza educacional de nossa atividade e dão sustentabilidade ao crescimento contínuo e à rentabilidade do grupo.

Emerson **Malheiro**

COORDENAÇÃO
Renee do Ó **Souza**

Direitos Humanos

2ª EDIÇÃO REVISTA, ATUALIZADA E REFORMULADA

- O autor deste livro e a editora empenharam seus melhores esforços para assegurar que as informações e os procedimentos apresentados no texto estejam em acordo com os padrões aceitos à época da publicação, e todos os dados foram atualizados pelo autor até a data de fechamento do livro. Entretanto, tendo em conta a evolução das ciências, as atualizações legislativas, as mudanças regulamentares governamentais e o constante fluxo de novas informações sobre os temas que constam do livro, recomendamos enfaticamente que os leitores consultem sempre outras fontes fidedignas, de modo a se certificarem de que as informações contidas no texto estão corretas e de que não houve alterações nas recomendações ou na legislação regulamentadora.

- Fechamento desta edição: *17.02.2022*

- O Autor e a editora se empenharam para citar adequadamente e dar o devido crédito a todos os detentores de direitos autorais de qualquer material utilizado neste livro, dispondo-se a possíveis acertos posteriores caso, inadvertida e involuntariamente, a identificação de algum deles tenha sido omitida.

- **Atendimento ao cliente: (11) 5080-0751 | faleconosco@grupogen.com.br**

- Direitos exclusivos para a língua portuguesa
  Copyright © 2022 by
  Editora Forense Ltda.
  Uma editora integrante do GEN | Grupo Editorial Nacional
  Travessa do Ouvidor, 11 – Térreo e 6º andar
  Rio de Janeiro – RJ – 20040-040
  www.grupogen.com.br

- Reservados todos os direitos. É proibida a duplicação ou reprodução deste volume, no todo ou em parte, em quaisquer formas ou por quaisquer meios (eletrônico, mecânico, gravação, fotocópia, distribuição pela Internet ou outros), sem permissão, por escrito, da Editora Forense Ltda.

- Esta obra passou a ser publicada pela Editora Método | Grupo GEN a partir da 2ª edição.

- Capa: Bruno Sales Zorzetto

- **CIP – BRASIL. CATALOGAÇÃO NA FONTE.**
  SINDICATO NACIONAL DOS EDITORES DE LIVROS, RJ.

M216d
2. ed.

Malheiro, Emerson
  Direitos humanos / Emerson Malheiro; coordenação Renee do Ó Souza. – 2. ed., rev. atual. e reform. – Rio de Janeiro: Método, 2022.
  160 p. ; 21 cm (Método essencial)

  Inclui bibliografia
  ISBN 978-65-5964-403-2

  1. Direitos humanos – Brasil. 2. Serviço público – Brasil – Concursos. I. Souza, Renee do Ó. II. Título. III. Série.

22-76066   CDU: 342.57(81)

Gabriela Faray Ferreira Lopes – Bibliotecária – CRB-7/6643

Sumário

Capítulo 1

Evolução histórica dos direitos humanos 1

1.1 Antiguidade 1

   1.1.1 Código de Hamurábi 2

   1.1.2 Lei das XII Tábuas 3

1.2 Idade Média 3

   1.2.1 Magna Carta (Inglaterra, 1215) 4

1.3 Idade Moderna 5

   1.3.1 Tratados de Westphalia (Alemanha, 1648) 5

   1.3.2 *Bill of Rights* (Inglaterra, 1689) 6

   1.3.3 Declaração de Direitos da Virgínia (EUA, 1776) 6

1.4 Idade Contemporânea 6

   1.4.1 Declaração de Direitos do Homem e do Cidadão (França, 1789) 6

   1.4.2 Constituição mexicana (1917) 7

   1.4.3 Constituição alemã (1919) 7

1.5 Direitos humanos e a Segunda Grande Guerra Mundial.... 8

1.6 Organização das Nações Unidas 11

   1.6.1 Surgimento e objetivos 11

   1.6.2 Estrutura organizacional 13

      1.6.2.1 Assembleia Geral 14

      1.6.2.2 Secretariado 14

      1.6.2.3 Conselho de Tutela 15

      1.6.2.4 Conselho Econômico-Social 16

      1.6.2.5 Conselho de Direitos Humanos 16

      1.6.2.6 Conselho de Segurança 18

   1.6.3 Financiamento 19

Capítulo 2

Dignidade da pessoa humana 21

2.1 Dignidade da pessoa humana 21

2.2 O dever social de aplicação concreta do princípio constitucional da dignidade da pessoa humana................................ 22

Capítulo 3

Classificação e características dos direitos humanos 25

3.1 Classificação dos direitos humanos 25
3.1.1 Gerações (dimensões) de direitos humanos 25
3.1.1.1 Primeira dimensão 26
3.1.1.2 Segunda dimensão 26
3.1.1.3 Terceira dimensão 27
3.1.1.4 Quarta dimensão 28
3.1.2 Direitos e garantias fundamentais 28
3.1.2.1 Individuais e coletivos 28
3.1.2.2 Sociais 28
3.1.2.3 Nacionalidade 28
3.1.2.4 Políticos 29
3.1.2.5 Dos partidos políticos 29
3.2 Características dos direitos humanos 29
3.2.1 Congenialidade 29
3.2.2 Universalidade 30
3.2.3 Irrenunciabilidade 30
3.2.4 Inalienabilidade 30
3.2.5 Inexauribilidade 31
3.2.6 Interdependência 31
3.2.7 Indivisibilidade 31
3.2.8 Complementaridade 31
3.2.9 Imprescritibilidade 32
3.2.10 Inviolabilidade 32
3.2.11 Essencialidade 32
3.2.12 Efetividade 32
3.2.13 Proibição do regresso 33
3.2.14 Historicidade 33

Capítulo 4

Declaração Universal dos Direitos Humanos 35

4.1 Precedentes históricos................................ 35

4.2 Estrutura e objetivos.. 36

4.3 A presença da Declaração Universal dos Direitos Humanos (1948) no Brasil 38

Capítulo 5

Pacto Internacional dos Direitos Econômicos, Sociais e Culturais 39

5.1 Precedentes históricos... 39

5.2 Estrutura e objetivos.. 39

5.3 A presença do Pacto Internacional dos Direitos Econômicos, Sociais e Culturais (1966) no Brasil.. 40

Capítulo 6

Pacto Internacional dos Direitos Civis e Políticos............ 43

6.1 Precedentes históricos... 43

6.2 Estrutura e objetivos.. 43

6.3 O Pacto Internacional dos Direitos Civis e Políticos (1966) no Brasil... 45

Capítulo 7

Convenção Internacional sobre a Eliminação de Todas as Formas de Discriminação Racial..................................... 47

7.1 Precedentes históricos... 47

7.2 Estrutura e objetivos.. 48

7.3 A presença da Convenção Internacional sobre a Eliminação de Todas as Formas de Discriminação Racial (1965) no Brasil... 49

Capítulo 8

Convenção sobre a Eliminação de Todas as Formas de Discriminação contra a Mulher 53

8.1 Precedentes históricos... 53

8.2 Estrutura e objetivos.. 53

8.3 A presença da Convenção sobre a Eliminação de Todas as Formas de Discriminação contra a Mulher (1979) no Brasil ... 55

viii Direitos Humanos

Capítulo 9

Convenção contra a Tortura e Outros Tratamentos ou Penas Cruéis, Desumanos ou Degradantes...... 57

9.1 Precedentes históricos.............. 57

9.2 Estrutura e objetivos...... 59

9.3 A presença da Convenção contra a Tortura e outros Tratamentos ou Penas Cruéis, Desumanos ou Degradantes no Brasil...... 61

Capítulo 10

Convenção sobre os Direitos das Pessoas com Deficiência e seu Protocolo Facultativo...... 63

10.1 Precedentes históricos.............. 63

10.2 Estrutura e objetivos...... 63

10.3 A presença da Convenção sobre os Direitos das Pessoas com Deficiência e seu Protocolo Facultativo (2007) no Brasil...... 66

Capítulo 11

Estatuto de Roma (Tribunal Penal Internacional)...... 67

11.1 Precedentes históricos.............. 67

11.2 Estrutura e objetivos...... 71

11.3 A presença do Estatuto de Roma (1998) no Brasil...... 77

11.3.1 Entrega de nacionais ao Tribunal Penal Internacional.... 78

11.3.2 Pena de prisão perpétua...... 80

11.3.3 Homologação de sentença pelo Superior Tribunal de Justiça...... 82

11.3.4 Imunidades, foro por prerrogativa de função...... 83

11.3.5 Imprescritibilidade de crimes...... 83

Capítulo 12

Convenção Americana de Direitos Humanos ("Pacto de San José da Costa Rica")...... 85

12.1 Precedentes históricos...... 85

12.2 Estrutura e objetivos...... 85

Sumário ix

12.3 A presença da Convenção Americana de Direitos Humanos (1969) no Brasil 87

Capítulo 13

Convenção Interamericana para Prevenir e Punir a Tortura.... 91

13.1 Precedentes históricos............................. 91
13.2 Estrutura e objetivos............................. 91
13.3 A presença da Convenção Interamericana para Prevenir e Punir a Tortura (1985) no Brasil............................. 92

Capítulo 14

Convenção Interamericana para Prevenir, Punir e Erradicar a Violência contra a Mulher ("Convenção de Belém do Pará")............................. 93

14.1 Precedentes históricos............................. 93
14.2 Estrutura e objetivos............................. 93
14.3 A presença da Convenção Interamericana para Prevenir, Punir e Erradicar a Violência contra a Mulher (1994) no Brasil 94

Capítulo 15

Convenção Interamericana para Eliminação de Todas as Formas de Discriminação contra as Pessoas Portadoras de Deficiência 97

15.1 Precedentes históricos............................. 97
15.2 Estrutura e objetivos............................. 97
15.3 A presença da Convenção Interamericana para Eliminação de Todas as Formas de Discriminação contra as Pessoas Portadoras de Deficiência (1999) no Brasil...................... 99

Capítulo 16

Procedimento de incorporação dos Tratados Internacionais de Direitos Humanos ao ordenamento jurídico brasileiro............................. 101

16.1	Ratificação – conceito	101
16.2	Necessidade de ratificação dos tratados internacionais	101
16.3	Competência para a ratificação dos tratados internacionais	102
16.4	Procedimento de incorporação de Tratados Internacionais de Direitos Humanos ao ordenamento jurídico brasileiro	102
16.5	Características da ratificação	104
16.6	Homologação para validade	105

Capítulo 17

Posição hierárquica dos Tratados Internacionais de Direitos Humanos no ordenamento jurídico brasileiro 107

17.1	A primazia da Constituição Federal no ordenamento jurídico brasileiro	107
17.2	A problemática dos tratados internacionais no ordenamento jurídico brasileiro	108
17.3	Posicionamento hierárquico dos Tratados Internacionais de Direitos Humanos no ordenamento jurídico brasileiro	109
17.4	Bloco de constitucionalidade	111

Capítulo 18

Nacionalidade: noções gerais e regras do Direito brasileiro 113

18.1	Nacionalidade dos seres humanos	113
18.1.1	A nacionalidade dos seres humanos e a existência de um Estado	113
18.1.1.1	Elementos objetivos	113
18.1.1.2	Elemento subjetivo	114
18.1.2	Conceito de nacionalidade dos seres humanos	115
18.1.3	Critérios de atribuição de nacionalidade dos seres humanos	116
18.1.3.1	*Ius solis*	117
18.1.3.2	*Ius sanguinis*	117
18.1.3.3	*Ius domicilii*	118
18.1.3.4	*Ius laboris*	118
18.1.3.5	*Ius communicatio*	119
18.2	Condição jurídica do estrangeiro	119

Sumário **xi**

18.2.1 Condição jurídica do estrangeiro no Brasil 121
18.3 Refugiados 121
18.3.1 Asilo político 123
18.4 Saída compulsória de estrangeiros 124
18.4.1 Por iniciativa alienígena 124
18.4.1.1 Extradição 124
18.4.2 Por iniciativa do próprio Estado 126
18.4.2.1 Expulsão 126
18.4.2.2 Deportação 127
18.5 Nacionalidade das coisas 128
18.6 Decorrências constitucionais da nacionalidade dos seres
humanos e das pessoas jurídicas 129

Capítulo 19
Tutela constitucional dos direitos humanos 131

19.1 A presença dos direitos humanos na Constituição Federal
brasileira 131
19.2 Sistema de proteção dos direitos humanos no Brasil 132
19.2.1 O regime ordinário dos direitos fundamentais 132
19.2.2 O regime extraordinário dos direitos fundamentais.... 132
19.2.2.1 Estado de defesa 132
19.2.2.2 Estado de sítio 133
19.3 Remédios constitucionais 134
19.3.1 *Habeas corpus* 135
19.3.2 Mandado de segurança 135
19.3.3 Mandado de segurança coletivo 135
19.3.4 Mandado de injunção 136
19.3.5 *Habeas data* 137
19.3.6 Ação popular 138

Referências 139

1

Evolução histórica dos direitos humanos

1.1 Antiguidade

A proteção aos direitos humanos remonta à Antiguidade (4000 a.C. a 476 d.C.), pois há documentos encontrados que demonstram a preocupação daquela sociedade com o resguardo desses interesses.

Destaque-se que os valores da sociedade antiga eram bem diferentes dos atuais, portanto, o cuidado com os direitos humanos naquele período era muito diverso do que hodiernamente se observa.

Há traços desse abrigo no Código de Hamurábi, ligado ao povo babilônico, e na Lei das XII Tábuas, conexa aos romanos. Outrossim, merecem registro também as Leis de Ur-Nammu (2111 a 2094 a.C.), as Leis de Lipit-Istar (1934 a 1924 a.C.), as Leis de Eshnunna (1825 a 1787 a.C.) e as Leis de Manu (séculos II a.C. a II d.C.).

Pela sua destacada importância, estudar-se-á, ainda que perfunctoriamente, o Código de Hamurábi e a Lei das XII Tábuas.

1.1.1 Código de Hamurábi

O Código de Hamurábi foi criado no século XVIII a.c. e se constitui como um antiquíssimo conjunto de normas da Mesopotâmia, elaborado pelo Rei Hamurábi, filho de Sinmuballit. Ele foi o sexto rei da primeira dinastia babilônica, outrossim denominada dosamorritas, tendo atuado de 1792 a 1750 a.c.

Cuida-se de um monumento de estrutura geológica, constituído por única e maciça rocha magmática de diorito, na qual o rei é retratado recebendo a insígnia do reinado e sobre o qual se dispõem 21 colunas de escrita cuneiforme assírio-babilônia desenvolvida pelos sumérios (afro-asiáticos), com 282 dispositivos, em 3.600 linhas, que regulavam a conduta das pessoas na sociedade.

Havia regras para três classes diferentes: a) *awelum*: homens livres e de classe mais alta, que era merecedora de maiores compensações por injúrias, mas que arcava com multas maiores em face da prática de ofensas; b) *mushkenum*: cidadão livre, mas de classe inferior e com obrigações mais suaves; e c) *wardum*: escravo marcado que, apesar disso, poderia possuir propriedade.

Aplicavam-se penas de morte (afogamento, fogueira, forca, empalação), mutilações corporais (cortar língua, seio, orelha; arrancar olhos, dentes) e outras penas infamantes.

O Código de Hamurábi tinha por objetivo a implantação da justiça na Terra, com a destruição do mal e a prevenção da opressão do fraco pelo forte, propiciando o bem-estar do povo e a iluminação do mundo.

Seus dispositivos não diferenciavam prescrições civis, religiosas e morais.

Evolução histórica dos direitos humanos   3

1.1.2 Lei das XII Tábuas

A Lei das XII Tábuas, também denominada *Lex Duodecim Tabularum* ou simplesmente *Duodecim Tabulae*, em latim, constituía uma antiga legislação que se encontra na gênese do direito romano. Formava o cerne da constituição da República Romana e das antigas leis não escritas e regras de conduta.

Entre os anos de 451 e 450 a.c., a Lei das XII Tábuas foi promulgada, tendo sido inscrita em 12 tabletes de madeira, que foram afixados no fórum romano, de forma que todas as pessoas pudessem lê-los e conhecer o seu conteúdo.

Originou-se para estabelecer a igualdade de direitos entre as diversas classes sociais, sendo vedada a beligerância privada.

> Mais do que qualquer outra compilação antiga, repercutiu por séculos afora por toda a Roma Republicana, e, posteriormente, na Roma Imperial, durante cerca de cinco séculos, até a compilação de Justiniano. Seus retalhos, incorporados a esta, transbordaram com ela das fronteiras do Império e se disseminaram por todas as legislações que sofreram influência romana, inclusive a brasileira (CARRILHO, 2009, p. 17).

1.2 Idade Média

A Idade Média (476 a 1453), que teve como marco inicial a tomada do Império Romano do Ocidente pelos povos bárbaros e como termo a tomada de Constantinopla pelos turco-otomanos, trouxe, por mais incrível que possa parecer, uma maior proteção ao ser humano.

Na Alta Idade Média, também chamada Idade Média Antiga ou Antiguidade Tardia (séculos V a X), não houve evento que se destacasse em relação à proteção dos direitos humanos.

Já na Baixa Idade Média (séculos XI a XV), houve a elaboração do mais importante diploma sobre o tema até então: a Magna Carta, considerada por muitos autores como o instrumento que marcou o nascimento da proteção aos direitos humanos na história.

1.2.1 Magna Carta (Inglaterra, 1215)

A Magna Carta, cujo significado "Grande Carta" deriva do latim e a denominação completa é *Magna Charta Libertatum seu Concordiam inter regem Johannen at barones pro concessione libertatum ecclesiae et regni angliae (Grande Carta das liberdades, ou Concórdia entre o Rei João e os Barões para a outorga das liberdades da Igreja e do Rei Inglês)*, é instrumento elaborado em 15 de junho de 1215 que restringiu o poder do Rei João da Inglaterra, que o assinou, bem como de seus sucessores, obstando o exercício de um poder pleno.

O Rei João da Inglaterra também era conhecido como João "Sem Terra" (Lackland), pois era o filho mais novo e não recebeu terras em herança, ao contrário de seus irmãos mais velhos.

A Magna Carta foi criada em face de desinteligências entre o Rei João, o Papa Inocêncio III e os barões ingleses sobre as prerrogativas do distinto monarca.

Em consonância com os termos do instrumento, João deveria abjurar determinados direitos, obedecer a certos procedimentos legais e admitir como verdade que a vontade do imperador estaria submissa à lei.

O documento serviu de referência para alguns direitos e liberdades civis clássicos tais como o *habeas corpus act*, o devido processo legal (*due processo of law*) e a garantia da propriedade. Contudo, na época, eram direitos restritos aos nobres ingleses, não sendo esses e outros privilégios aplicáveis à população (SIQUEIRA JUNIOR; OLIVEIRA, 2007, p. 81).

1.3 Idade Moderna

A Idade Moderna (1453 a 1789), que se iniciou com a tomada de Constantinopla pelos turco-otomanos e terminou com a Revolução Francesa, caracterizou-se pela conquista definitiva da proteção aos direitos humanos.

1.3.1 Tratados de Westphalia (Alemanha, 1648)

Com o advento da Idade Moderna, mais precisamente no século XVII, no ano de 1648, foram assinados os Tratados de Westphalia, que levaram a termo a penosa e grave Guerra dos Trinta Anos (1618 a 1648) entre católicos e protestantes. Os países protestantes foram reconhecidos (Tratado de Osnabruck), e os católicos obtiveram sua independência da igreja (Tratado de Múnster).

Foram os primeiros documentos a trazer uma configuração dos "Estados" bastante similar à que conhecemos hoje e a estabelecer entre eles uma concepção de equilíbrio, conhecida como "princípio da igualdade formal".

Os Estados, então, renunciaram sua consideração a uma hesitante hierarquia internacional fundamentada na religião e não mais conceberam nenhum outro poder superior a si próprios, o que foi denominado soberania.

6   Direitos Humanos

1.3.2 *Bill of Rights* (Inglaterra, 1689)

O *Bill of Rights* foi criado na Inglaterra em 13 de feverei-ro de 1689, reprisou as normas da Magna Carta e destacou a independência do parlamento, sendo considerado a gênese do princípio da separação dos poderes.

Com ele, a população teria as liberdades de expressão e política, além da tolerância – e não liberdade – religiosa.

1.3.3 Declaração de Direitos da Virgínia (EUA, 1776)

A Declaração de Direitos da Virgínia, de concepção ilu-minista, foi elaborada em Williamsburg (EUA), em 12 de junho de 1776, e se insere no contexto da alfétena pela insubmis-são americana e precede a Declaração de Independência dos Estados Unidos da América, criada em 4 de julho de 1776. De acordo com suas regras, todo poder emana do povo e em seu nome deve ser exercido. Ademais, ela proclama que todo ser humano é titular de direitos fundamentais, como o direito à vida, à liberdade, à busca da felicidade e o direito de resistência.

1.4 Idade Contemporânea

1.4.1 Declaração de Direitos do Homem e do Cidadão (França, 1789)

A Declaração de Direitos do Homem e do Cidadão foi inspirada na Revolução Estadunidense, ocorrida em 1776, e nos ideais filosóficos iluministas.

No dia 26 de agosto de 1789, a Assembleia Nacional Constituinte da França aprovou-a, tendo sido votada definiti-vamente em 2 de outubro do mesmo ano. Com 17 artigos e um preâmbulo de ideais libertários e liberais, proclamou as liberdades e os direitos fundamentais do homem. Prega um Estado laico, o direito de associação política, o princípio da reserva legal, da anterioridade e do estado de inocência, além da livre manifestação do pensamento.

1.4.2 Constituição mexicana (1917)

A atual Constituição mexicana remonta ao ano de 1917 e foi promulgada em 5 de fevereiro daquele ano, tendo sofrido diversas alterações desde então.

Segundo Manoel Gonçalves Ferreira Filho (2006, p. 46), a repercussão no mundo e mesmo na América Latina foi mínima. No entanto, as regras relacionadas ao trabalho e à proteção social foram bastante revolucionárias para a época. A Carta Suprema do México se caracteriza pelo anticlericalismo, pelo agrarismo, pela sensibilidade social e pelo nacionalismo.

Ela traz um elenco de direitos trabalhistas e previdenciários e demonstra certa hostilidade em relação ao poder econômico.

1.4.3 Constituição alemã (1919)

Tendo assinado o Tratado de Versalhes, em 28 de junho de 1919, a Alemanha precisava elaborar uma nova Constituição, principalmente para romper com seu passado e também para estabelecer novos direitos que colocassem em destaque a proteção do ser humano.

O Tratado produziu um choque e grande humilhação à população, já que a Alemanha foi obrigada a reconhecer a independência da Áustria, além de perder todas as suas colônias arquipelágicas e também as localizadas no continente africano, além de admitir uma restrição ao tamanho de seus exércitos e se obrigar a ressarcir todos os Estados vencedores da Primeira Grande Guerra Mundial.

Dentro desse contexto, a nova Constituição alemã foi assinada em 11 de agosto de 1919. O seu primeiro artigo já estabeleceu que "o poder emana do povo". Nessa toada, a Carta Suprema elevou os direitos trabalhistas e previdenciários ao nível de direitos fundamentais e determinou garantias ao indivíduo, à vida social, à religião, à instrução e à vida econômica.

1.5 Direitos humanos e a Segunda Grande Guerra Mundial

A Segunda Grande Guerra Mundial teve início com a invasão da Polônia, em 1º de setembro de 1939, e findou em 2 de setembro de 1945, com a assinatura da rendição formal do Japão, a bordo do encouraçado Missouri, na baía de Tóquio.

Na verdade, a Segunda Grande Guerra Mundial começou muito antes, pois, menos de um mês após a promulgação da Constituição alemã (11 de agosto de 1919), foi fundado, em setembro do mesmo ano, numa cervejaria em Munique, o Partido Operário Alemão. Encontrava-se entre os indivíduos que se reuniram para a sua criação um jovem cabo austríaco chamado Adolf Hitler.

O partido transformou-se, em 1920, no Partido Nacional Socialista dos Trabalhadores Alemães, que preparou um golpe de Estado, em 1923. Tendo fracassado o golpe na Baviera, Adolf Hitler foi condenado à prisão, cumprindo apenas oito meses da pena de cinco anos que tinha sido aplicada.

Uma vez encontrando-se em liberdade, Hitler reorganizou seu partido, determinou o seu programa de ação e criou uma força armada para apoiar suas reivindicações políticas.

Em 1930, o seu partido já tinha 107 deputados no poder, e, em 30 de janeiro de 1933, Hitler foi nomeado chanceler pelo então presidente alemão Paul Ludwig Hans Anton von Beneckendorff und von Hindenburg, mais conhecido como Paul von Hindenburg (Posen, 2 de outubro de 1847 – Neudeck, 2 de agosto de 1934).

Com a morte do presidente, em 2 de agosto de 1934, Hitler ascende ao poder, e, em 14 de outubro de 1933, a Alemanha se retira da Conferência Geral do Desarmamento, reunida em Genebra. Uma semana depois, retira-se da Liga das Nações.

O serviço militar é restabelecido em março de 1935, e um exército de mais de 500 mil homens é criado.

Em 12 de março de 1938, as tropas alemãs penetram na Áustria, e, em 10 de abril do mesmo ano, realizou-se um plebiscito em que 99,7% dos austríacos aprovam a união com a Alemanha. Os que se opuseram foram encaminhados ao cárcere.

Na madrugada de 1° de setembro de 1939, a Alemanha atravessou a fronteira polonesa sem aviso prévio, e, sem que se desse conta, Adolf Hitler desencadeou a Segunda Grande Guerra Mundial.

Inúmeros acontecimentos entre 1° de setembro de 1939 e 2 de setembro de 1945 destroçaram a proteção aos direitos humanos no cenário das relações exteriores.

É inegável que, com o advento da conflagração global e dos massacres perpetrados, os direitos humanos entraram em severo colapso. No entanto, com o término dos conflitos, houve um desenvolvimento sem precedentes em sua história, com o surgimento de inúmeros tratados internacionais cuidando do tema.

Tanto a Primeira Grande Guerra Mundial (agosto de 1914 a novembro de 1918), cujo triste epílogo trouxe consigo o legado da perda de mais de oito milhões de vidas humanas, quanto a Segunda Grande Guerra Mundial (1939-1945), com todos os seus atos cruentos, desumanos, atrozes e mais de 45 milhões de mortos, serviram para apresentar ao mundo a necessidade inquietante e imediata de proteção dos direitos humanos na dimensão internacional.

Em verdade, os direitos humanos, tal como compreendidos hoje, surgiram como uma reação ao holocausto e às demais barbáries perpetradas durante a Segunda Grande Guerra.

A primeira manifestação dessa proteção mostrou a sua face com a Declaração Universal dos Direitos Humanos (1948), que foi base para outros diplomas internacionais, como o Pacto Internacional sobre Direitos Civis e Políticos (1966) e o Pacto Internacional dos Direitos Econômicos, Sociais e Culturais (1966).

Na verdade, o que se buscou foi a reconstrução da doutrina dos direitos humanos, visto que: "Ela, no fundo, nada mais é do que uma versão da doutrina do direito natural que já desponta na Antiguidade" (FERREIRA FILHO, 2006, p. 9).

> A ideia dos direitos humanos tem avançado muito em anos recentes, adquirindo uma espécie de *status* oficial no discurso internacional. Comitês influentes reúnem-se regularmente para debater a fruição e a violação de direitos humanos em diversos países do mundo (SEN, 2000, p. 261).

Nesse aspecto, cumpre ressaltar a diferença doutrinária entre as proficientes expressões "Direitos do Homem", "Direitos Humanos" e "Direitos Fundamentais" (MAZZUOLI, 2006, p. 479).

"Direitos do homem" é a expressão que se refere aos direitos naturais ainda não positivados capazes de proteger o ser humano na esfera mundial.

Direitos humanos são aqueles consignados em tratados e convenções internacionais, enquanto os Direitos Fundamentais estão relacionados àqueles que visam à proteção do homem e que estão registrados nas Constituições dos Estados.

"Os Direitos Fundamentais são essenciais no Estado Democrático na medida em que são inerentes às liberdades, formando a base de um Estado de Direito" (SIQUEIRA JUNIOR; OLIVEIRA, 2007, p. 179).

1.6 Organização das Nações Unidas

1.6.1 Surgimento e objetivos

A Organização das Nações Unidas (ONU) foi precedida pela Liga das Nações (também denominada "Sociedade das Nações"), criada pelo Tratado de Versalhes, em 28 de julho de 1919, logo depois, portanto, da Primeira Grande Guerra Mundial (agosto de 1914 a novembro de 1918).

O seu surgimento teve por fundamento a ideologia dos 14 pontos básicos para a reconstrução da Europa propostos pelo então Presidente estadunidense Thomas Woodrow Wilson (Staunton, Virgínia, 28 de dezembro de 1856 – Washington, DC, 3 de fevereiro de 1924), num pronunciamento ao Congresso dos Estados Unidos, em 8 de janeiro de 1918.

Eram eles: exigência da eliminação da diplomacia secreta em favor de acordos públicos; liberdade nos mares; abolição das barreiras econômicas entre os países; redução

12 Direitos Humanos

dos armamentos nacionais; redefinição da política colonialista, levando em consideração o interesse dos povos colonizados; retirada dos exércitos de ocupação da Rússia; restauração da independência da Bélgica; restituição da Alsácia e Lorena à França; reformulação das fronteiras italianas; reconhecimento do direito ao desenvolvimento autônomo dos povos da Áustria-Hungria; restauração da Romênia, da Sérvia e Montenegro e direito de acesso ao mar para a Sérvia; reconhecimento do direito ao desenvolvimento autônomo do povo da Turquia e abertura permanente dos estreitos que ligam o Mar Negro ao Mar Mediterrâneo; reconhecimento da independência da Polônia; criação da Liga das Nações.

Com sede em Genebra, em vista da neutralidade suíça, o principal objetivo da Liga das Nações era garantir a segurança mundial e prevenir um novo conflito global, o que acabou não acontecendo, motivo pelo qual foi desmantelada, em 18 de abril de 1946.

> No plano universal, extraindo lições da fraqueza política da Sociedade das Nações e aceitando a tese de que a cooperação interestatal não poderia mais permanecer limitada às ações individuais dos Estados (e mesmo em grupo se se limitassem meramente às questões técnicas e administrativas), sob pena de tornar inviável a solução dos maiores problemas da comunidade internacional, elaboraram as potências vencedoras da Segunda Guerra a Carta das Nações Unidas, firmada em 26 de junho de 1945 em São Francisco (CRETELLA NETO, 2007, p. 31).

A Organização das Nações Unidas foi idealizada ainda na vigência da Segunda Grande Guerra Mundial e concebida depois de complexas negociações. Após a ratificação da Carta da ONU por dois terços dos 50 Estados representados na

Conferência e a Polônia, ela entrou em vigor em 24 de outubro de 1945, fazendo surgir uma Organização de cunho político, criada dentro da lógica de um direito internacional.

A ONU, quando de sua fundação, possuía 51 membros e, atualmente, é integrada por 192 Estados do globo terrestre e se caracteriza pela igualdade entre eles. Não fazem parte Taiwan (também conhecido como "Formosa", o Estado é considerado uma província rebelde pela China) nem o Vaticano, que tem a qualidade de observador.

A Carta da ONU (também denominada "Carta de São Francisco") não declara qual é a sua sede, mas a Assembleia Geral, em dezembro de 1946, decidiu instalá-la na cidade de Nova Iorque, nos Estados Unidos.

Os principais objetivos da ONU giram em torno da promoção do pacifismo, da defesa dos direitos humanos e do desenvolvimento econômico-social dos Estados, sem prejuízo de provocar um impulso na representação daqueles entes mais frágeis no contexto das relações exteriores.

1.6.2 Estrutura organizacional

A estrutura organizacional das Nações Unidas é composta pela Assembleia Geral, pelo Secretariado, pelo Conselho de Segurança, pelo Conselho Econômico e Social, pelo Conselho de Tutela e pelo Conselho de Direitos Humanos.

A partir da ONU surgem diversos organismos autônomos especializados, de caráter técnico e administrativo, como o Fundo Monetário Internacional (FMI), o Banco Internacional para Reconstrução e Desenvolvimento (BIRD, também conhecido como "Banco Mundial"), a Organização Internacional do Trabalho (OIT), a Organização Mundial da Saúde (OMS), entre outros.

14   Direitos Humanos

1.6.2.1 Assembleia Geral

A Assembleia Geral é o órgão plenário da ONU e se caracteriza pela representação de todos os Estados-membros, que têm direito a voto na discussão de qualquer assunto que seja objeto da Carta de São Francisco.

Ela não é um órgão permanente e se reúne de forma ordinária uma vez por ano, com sessões que têm início na terceira terça-feira do mês de setembro, na sede das Nações Unidas, em Nova Iorque, podendo ser adiadas em caráter excepcional.

> A aprovação de uma determinada decisão dá origem às resoluções. As resoluções da Assembleia Geral não possuem caráter obrigatório, mas, por expressarem a convergência dos interesses da maioria dos Estados do sistema internacional, possuem grande força moral (LASMAR; CASARÕES, 2006, p. 47).

1.6.2.2 Secretariado

O Secretariado é o órgão executivo e administrativo da ONU e serve para conceder assistência para a realização de diversas ações dos outros órgãos, além de dirigir os princípios e projetos por eles estabelecidos.

O Secretariado é composto de um Secretário-Geral, um Vice-Secretário-Geral, um Secretário-Geral Adjunto, um Diretor-Chefe de divisão e um Administrador-Geral, além de outras posições profissionais e de serviços gerais.

O Secretário-Geral é eleito pela Assembleia Geral para um mandato de cinco anos, mediante recomendação do Conselho de Segurança, podendo ser reconduzido. O pessoal do Secretariado é nomeado pelo Secretário-Geral, em conformidade com as normas estabelecidas pela Assembleia.

Na forma do disposto no art. 98 da Carta de São Francisco, "o Secretário-Geral atuará nesse caráter em todas as reuniões da Assembleia Geral, do Conselho de Segurança, do Conselho Econômico e Social e do Conselho de Tutela, e desempenhará outras funções que lhe forem atribuídas por estes órgãos".

A ONU possui conselhos, que nada mais são do que entidades técnicas acerca de determinado assunto dentro da Organização Internacional Intergovernamental.

1.6.2.3 Conselho de Tutela

O Conselho de Tutela era um órgão que visava ao auxílio a territórios que estivessem sob sua tutela e possuíssem dificuldades estruturais, objetivando o estímulo da evolução política, econômica, social e o desenvolvimento progressivo para alcançar governo próprio ou independência.

Era composto de três grupos de Estados-membros: aqueles que administravam territórios tutelados; os integrantes que tivessem assento no Conselho de Segurança e não estivessem administrando territórios tutelados; e os membros eleitos pela Assembleia Geral para ocuparem um assento por três anos.

O número era variável, pois era necessário assegurar que o total de integrantes ficasse igualmente dividido entre os membros das Nações Unidas que administrassem territórios tutelados e aqueles que não o fizessem (art. 86, Carta de São Francisco – 1945).

> No entanto, após mais de 40 anos de atividade, em 1º de novembro de 1994, o Conselho de Tutela suspendeu suas atividades, tornando-se inoperante e sem expressão

16 Direitos Humanos

alguma dentro da Organização. Tal fato se deu em de-
corrência da independência do ex-território de Palau, no
Pacífico, último território tutelado pelo órgão. Não lhe
restando, portanto, objeto que justifique sua existência
no atual organograma das Nações Unidas; a expectativa é
de que este deixe de existir formalmente em uma próxima
Emenda à Carta (LASMAR; CASARÕES, 2006, p. 66).

1.6.2.4 Conselho Econômico-Social

Já o Conselho Econômico-Social é o órgão responsável
pela promoção de políticas adequadas de desenvolvimento
de atividades econômicas, sociais, humanitárias e culturais da
ONU, com respeito e observância aos direitos humanos.

Ele é formado por 54 membros eleitos pela Assembleia
Geral por um período de três anos. É relevante salientar que foi
no Conselho Econômico e Social que se elaborou a Declaração
Universal dos Direitos Humanos, proclamada em Paris em 10
de dezembro de 1948.

1.6.2.5 Conselho de Direitos Humanos

O Conselho de Direitos Humanos é o órgão criado pelos
Estados-membros da Organização das Nações Unidas com a
finalidade de fortalecer a promoção e a proteção dos direitos
humanos em todo o mundo. Substitui a antiga e desacredita-
da Comissão de Direitos Humanos, que foi instituída em 1948
com a Declaração Universal dos Direitos Humanos.

Em meados do ano de 2005, o então Secretário-Geral da
ONU, Kofi Annan, apresentou uma proposta para a criação de
um Conselho de Direitos Humanos para restabelecer a credibili-
dade da Organização, pois afirmava que a Comissão de Direitos

Humanos fracassou em seu objetivo, perdeu o rumo e se converteu num fórum utilizado por aqueles que violavam os direitos humanos para conspirarem e se protegerem mutuamente.

No dia 15 de março de 2006, a Assembleia Geral da ONU aprovou a criação do Conselho de Direitos Humanos. O projeto foi aprovado por 170 votos favoráveis e quatro contrários – Estados Unidos, Israel, Palau e Ilhas Marshall. Houve também três abstenções: Venezuela, Irã e Belarus.

A votação foi resultado das aspirações gerais. Nenhum Estado conseguiu tudo o que pretendia, mas a resolução foi produto de um compromisso.

Os Estados Unidos desejavam a criação de um órgão pequeno, com integrantes eleitos com maioria de dois terços da Assembleia e pelo seu compromisso com os direitos humanos.

Ao explicar seu voto contrário, o representante dos Estados Unidos expressou ceticismo sobre o futuro Conselho. Contudo, comprometeu-se a cooperar com os outros Estados-membros para fortalecê-lo e torná-lo tão eficaz quanto possível.

O Conselho de Direitos Humanos conta com 47 membros que foram escolhidos por maioria absoluta – não apenas dos que estiveram presentes e votaram – dos integrantes da Assembleia Geral. Possuem um mandato de três anos, não podendo ser reeleitos imediatamente depois de ocuparem o posto por dois mandatos consecutivos.

A distribuição de assentos é realizada levando-se em consideração uma representação geográfica equitativa (13 Estados do Grupo dos Países Africanos; treze do Grupo dos Países Asiáticos; seis do Grupo dos Países do Leste Europeu; oito do Grupo dos Países da América Latina e do Caribe; e sete do Grupo dos Países da Europa Ocidental e Outros).

Por uma votação de uma maioria de dois terços de seus membros, poderão suspender qualquer dos 193 países integrantes da ONU que cometa violações graves e sistemáticas de direitos humanos.

O Conselho começou a funcionar no dia 19 de junho de 2006 e tem a sua sede em Genebra, na Suíça.

1.6.2.6 Conselho de Segurança

O Conselho de Segurança é o órgão que visa à manutenção da paz e da segurança internacionais, podendo, para alcançar seu objetivo, adotar medidas extremas, tais como uma intervenção ou ainda sanções econômicas para evitar qualquer tipo de agressão.

Ele é formado por 15 membros, sendo que cinco deles são permanentes (China, França, Rússia, Reino Unido da Grã-Bretanha e Irlanda do Norte e Estados Unidos) e dez são rotativos, eleitos pela Assembleia Geral por um período de dois anos, obedecendo a uma distribuição geográfica tácita (três Estados da África, dois da Ásia, um da Europa Oriental, dois da América Latina, dois da Europa Ocidental e outros).

Compete ao Conselho de Segurança a escolha dos membros do "Conselho de Segurança e Justiça" da Corte Internacional de Justiça e a recomendação à Assembleia Geral da admissão de um Estado, suspensão ou expulsão de Estados-membros na ONU.

As decisões no Conselho de Segurança são tomadas pelos votos afirmativos de nove integrantes, incluindo, obrigatoriamente, os votos de todos os membros permanentes. Se qualquer dos Estados permanentes vetar, a medida não será implementada, independentemente do número de votos.

1.6.3 Financiamento

O financiamento da Organização das Nações Unidas é proveniente dos Estados-membros.

O valor da contribuição de cada Estado é determinado pelo seu nível econômico interno, a sua posição na economia mundial e a sua capacidade de colaboração.

2

Dignidade da pessoa humana

2.1 Dignidade da pessoa humana

A dignidade é inerente à pessoa humana. Acresce-se à sua integridade física e psíquica o respeito a seu pensamento, seu comportamento, sua imagem, sua intimidade, sua consciência e suas ações.

As disposições de um ordenamento jurídico não devem se dirigir somente aos Estados, mas também aos indivíduos, e devem ser aplicadas de forma que se possa atingir o bem-estar do ser humano, promovendo sua educação no meio social, pois a pessoa é possuidora de direitos subjetivos e detentora de valores que merecem consideração.

Sobre o princípio, Tailson Pires Costa afirma que "a dignidade humana também se identifica com o fato de ser ela um valor absoluto, não possibilitando qualquer questionamento em relação à sua natureza" (2004, p. 14).

A dignidade é intrínseca ao ser humano, e o respeito a ela é uma forma extrínseca de reconhecimento a esse direito. Não podem, portanto, serem determinadas penas cruéis e infamantes, pois o poder punitivo não deve aplicar sanções que lesionem a constituição físico-psíquica do ser humano.

"Contudo, não se pode olvidar que o Direito Penal não é necessariamente assistencial e visa primeiramente à Justiça distributiva, responsabilizando o delinquente pela violação da ordem jurídica" (BITENCOURT, 2006, p. 22).

Considerando que os textos constitucionais devem ser compreendidos como sistema que seleciona determinados valores sociais, pode-se afirmar que a Constituição Federal brasileira elege a dignidade da pessoa humana como valor essencial que lhe dá unidade de sentido.

2.2 O dever social de aplicação concreta do princípio constitucional da dignidade da pessoa humana

O respeito à dignidade da pessoa humana observa, precipuamente, o cumprimento dos direitos sociais estabelecidos no art. 6º da CF: "São direitos sociais a educação, a saúde, a alimentação, o trabalho, a moradia, o transporte, o lazer, a segurança, a previdência social, a proteção à maternidade e à infância, a assistência aos desamparados, na forma desta Constituição".

O raciocínio jurídico interpretativo de todas as normas do ordenamento deve se orientar pelo princípio, pois se cuida do núcleo axiológico do direito contemporâneo.

Trata-se de uma restrição ao poder político supremo de um Estado, pois, apesar de sua personalidade independente e autoridade plena, sua atuação esbarra na condição humana.

Sob tal aspecto, com uma conexão intrínseca com o direito desde períodos longínquos, o Estado tem arrostado fontes incógnitas de poder.

Contudo, o homem não se confunde com a vida do Estado e não pode ser instrumento para os outros, mas um fim em si mesmo. O Estado apenas existe em virtude e para o ser humano.

Nessa toada, a representação do direito baseada em dogmas tradicionais deve, hodiernamente, enfrentar uma sociedade que se modifica continuamente, com novas manifestações de exigências, necessidades e novos componentes.

É, portanto, um dever social a aplicação concreta do princípio constitucional da dignidade da pessoa humana, pois não se cuida apenas de um fundamento estático, mas dinâmico, que proporciona o emprego de condições de vida em conexão com um piso vital mínimo de existência.

Nesse aspecto, quanto ao ser humano, é relevante destacar que cada pessoa atua em razão de seus interesses peculiares, que são definidos em consonância com seus próprios objetivos e nem sempre são demonstrados de forma serena e translúcida. Como consequência, a criação e delimitação de textos jurídicos, assim como sua interpretação, nunca são imparciais.

A obediência ao princípio da dignidade da pessoa humana tenta estabelecer um parâmetro exegético para as relações jurídicas humanas, afinal, elas são fragmentárias e evoluem continuamente. Porém, cada ramo em velocidade diferente, gerando um cenário para o direito com múltiplas realidades e inúmeras conexões.

De qualquer forma, releve-se que a Constituição Federal de 1988 prevê a dignidade da pessoa humana como fundamento da República Federativa do Brasil.

3

Classificação e características dos direitos humanos

3.1 Classificação dos direitos humanos

A classificação dos direitos humanos obedece a dois critérios: o primeiro observa as gerações de direitos, e o segundo observa os direitos e as garantias fundamentais.

3.1.1 Gerações (dimensões) de direitos humanos

Inicialmente, é importante ressaltar que a denominação "geração" é tecnicamente imperfeita, pois pressupõe uma sobreposição de direitos, em que o subsequente suplanta o anterior, eliminando-o do universo jurídico.

Não é o que acontece com os direitos humanos, mesmo porque são eles interdependentes e se relacionam intrinsecamente para garantir sua efetividade.

Não é possível dividir os direitos humanos em gerações que se sucedem porque eles buscam preservar a dignidade da pessoa humana que é, igualmente, incindível.

26 Direitos Humanos

Desse modo, a expressão "dimensões de direitos humanos", que será utilizada a seguir, é mais adequada e revela a sua característica de imprescindibilidade.

3.1.1.1 Primeira dimensão

Cuidam-se das liberdades públicas, orientadas pelos direitos políticos básicos, que surgiram com a Magna Carta (1215), do Rei João Sem Terra. São direitos subjetivos, pois conferem "poderes de agir reconhecidos e protegidos pela ordem jurídica a todos os seres humanos" (FERREIRA FILHO, 2006, p. 28).

3.1.1.2 Segunda dimensão

Trata-se dos direitos econômicos e sociais, que são relativos às relações de produção e trabalho, à educação, à cultura e à previdência. Há divergência doutrinária sobre o seu surgimento. No entanto, a orientação mais correta se encontra no sentido de que a sua gênese se concebeu na Revolução Industrial, no século XIX, em face das lamentáveis condições laborais que ali se apresentavam e dos movimentos sociais em defesa dos trabalhadores, bem como do apoio ao desenvolvimento e à harmonização de legislação trabalhista para a melhoria nas relações de trabalho.

Apesar disso, é incontestável que o fim da cruenta Primeira Grande Guerra Mundial (agosto de 1914 a novembro de 1918), que ceifou milhares de vidas em razão de preitesias desmesuradas, e a elaboração do Tratado de Versalhes (1919) em muito contribuíram para estabelecer melhorias nas condições sociais dos trabalhadores.

O Tratado de Versalhes, além de fazer curvar a Alemanha, levá-la praticamente à bancarrota e ser o embrião da Segunda Grande Guerra Mundial (1939-1945), criou a Liga das Nações, que originou a atual Organização das Nações Unidas e também a Organização Internacional do Trabalho.

A concepção de uma legislação trabalhista nas relações exteriores originou-se como consequência de especulações éticas e econômicas sobre o custo humano da revolução industrial.

Outrossim, é importante lembrar que os direitos humanos de segunda dimensão ganham ainda mais relevo com a Constituição alemã (1919), que foi o marco do movimento constitucionalista que consagrou direitos sociais e econômicos e reorganizou o Estado em função da sociedade, e não mais do indivíduo.

3.1.1.3 *Terceira dimensão*

São os direitos de solidariedade (ou fraternidade), que se constituem por interesses difusos e coletivos orientados para o progresso da humanidade.

São os seguintes: direito à paz, direito ao desenvolvimento, direito ao meio ambiente, direito ao patrimônio comum da humanidade, direito à autodeterminação dos povos e direito à comunicação.

A sua origem remonta o fim da Segunda Grande Guerra Mundial (1º de setembro de 1939 a 2 de setembro de 1945), mas ganhou fôlego com as sucessivas reuniões da ONU e da Unesco nas décadas subsequentes.

3.1.1.4 *Quarta dimensão*

A doutrina clássica encerra a sua análise na terceira dimensão. Contudo, os direitos humanos se caracterizam pela contemporaneidade. E, em face disso, é de se destacar que uma novíssima dimensão surgiu.

São os direitos dos povos, que tem como objetivo a preservação do ser humano ao cuidar de interesses que podem colocar em risco a própria existência do homem.

Estão na órbita desses direitos a biossegurança, a proteção contra a globalização desenfreada, o direito à democracia e a inclusão digital.

3.1.2 Direitos e garantias fundamentais

3.1.2.1 *Individuais e coletivos*

Direito à vida, à igualdade, à propriedade e à segurança.

3.1.2.2 *Sociais*

São aqueles cuja finalidade é garantir às pessoas circunstâncias materiais consideradas indispensáveis para a absoluta fruição de seus direitos. Desse modo, demandam do Estado uma atuação no âmbito social, adotando medidas de justiça distributiva.

3.1.2.3 *Nacionalidade*

Sobre os direitos de nacionalidade, ver o Capítulo 18, *infra*.

Classificação e características dos direitos humanos   29

3.1.2.4 Políticos

São aqueles cuja finalidade precípua é estabelecer a participação popular no processo político, com a atuação do cidadão na vida pública do Estado.

3.1.2.5 Dos partidos políticos

Em apertada síntese, consiste nos direitos de um grupo, com afinidades ideológicas, de se reunir e se organizar solene e legalmente, com fundamento na voluntariedade de participação, em uma associação voltada para uma orientação de natureza política.

3.2 Características dos direitos humanos[1]

Os Direitos Humanos, que foram alteados à dimensão internacional pela Declaração Universal de 1948, com o tempo, se expandem definitivamente a quase todas as Constituições dos Estados e legislações nacionais, sendo, simultaneamente, invocados nas relações exteriores e no direito interno. Assim sendo, é de fundamental importância o conhecimento de cada uma de suas características.

3.2.1 Congenialidade

Os Direitos Humanos são congênitos, pois pertencem ao indivíduo antes mesmo do seu nascimento, manifestam-se espontaneamente e têm origem na própria condição humana. São qualidades particulares ao homem, independentemente da existência do Estado. Assim sendo, não se condensam

---

[1.]   Por tudo: Alexandre de Moraes (2003, p. 41); Wagner Rocha D'Angelis (2006, p. 45); Valério de Oliveira Mazzuoli (2006, p. 483).

ao ordenamento jurídico interno, apesar da relevância do seu conteúdo.

3.2.2 Universalidade

Os Direitos Humanos se ramificam e atingem todos os indivíduos, em qualquer tempo e lugar, sem qualquer discriminação proveniente de raça, cor, etnia, religião, origem, sexo, estado civil, convicção político-filosófica, condições socioeconômicas, culturais ou de outra natureza.

Para a sua defesa, é necessária a flexibilização, pelos Estados, de suas proposições fundamentais, rompendo com a concepção tradicional de soberania, que não deve ser alegada para justificar o descumprimento desses direitos.

3.2.3 Irrenunciabilidade

Os Direitos Humanos são irrenunciáveis, pois não podem ser abdicados, recusados ou rejeitados. Qualquer manifestação de vontade de um indivíduo nesse sentido será nula de pleno direito, o que significa dizer que o seu consentimento, abjurando o direito e permitindo sua violação, não tem nenhum valor jurídico, devendo seu transgressor responder pelo mal causado.

3.2.4 Inalienabilidade

Outrossim, os Direitos Humanos são inalienáveis e inafastáveis, não podendo ser exonerados ou transferidos para outrem, ainda que com a anuência de seu titular. Não é permitida a sua transmissão, disponibilização ou transigência, tanto a título gratuito quanto oneroso.

3.2.5 Inexauribilidade

Os Direitos Humanos nunca se esgotam, pois são inexauríveis. Como estão conexos a valores, a todo momento podem ser somados novos direitos, sem que estes mais recentes desconfigurem os anteriores, mas ao contrário: o acréscimo reforça a concretização deles.

3.2.6 Interdependência

Os Direitos Humanos são conexos entre si por uma recíproca dependência, em razão da qual realizam seus objetivos pelo auxílio mútuo. Apenas é alcançada a finalidade pretendida pela ligação com outra.

Desse modo, por exemplo, a liberdade de locomoção está visceralmente conexa à garantia do *habeas corpus*.[2]

3.2.7 Indivisibilidade

Os Direitos Humanos são indivisíveis, ou seja, pela sua natureza, não podem ser decompostos. Como possuem uma composição uniforme, que não permite distinguir seus componentes, formando um todo homogêneo, sua eventual dissociação acabaria por desconfigurá-los. Não obstante as disposições sejam autônomas, o conjunto de normas é uno, incindível.

3.2.8 Complementaridade

Os Direitos Humanos não devem jamais ser interpretados isoladamente, mas de maneira conjunta com outros direitos, de modo que a sua presença venha complementar o ordenamento jurídico vigente para a plena proteção da espécie humana.

---

[2] O exemplo é de Alexandre de Moraes (2003, p. 41).

3.2.9 Imprescritibilidade

Sobre os Direitos Humanos não incide prazo prescricional. Portanto, não perdem eles seus efeitos pelo decurso temporal, podendo ser exigidos a qualquer instante. Não há perda do direito de punir um transgressor em virtude do passar do tempo. Igualmente, não há desaparecimento do interesse na repressão de uma violação em razão do tempo decorrido.

3.2.10 Inviolabilidade

Os Direitos Humanos são invioláveis, pois nenhuma pessoa pode empreender ofensa lidimamente contra eles.

Da mesma forma, ninguém pode atribuir a si o poder de emitir juízo acerca de sua vigência, muito menos legiferar contra eles, sob pena de responsabilização civil, administrativa e penal.

3.2.11 Essencialidade

Os Direitos Humanos são essenciais, na medida de constituir preceitos excepcionais e inerentes ao homem, que protegem interesses fundamentais e indispensáveis para a sua sobrevivência.

São direitos revestidos de imprescindibilidade, cuja tutela é vital para a própria existência da pessoa humana.

3.2.12 Efetividade

Os Direitos Humanos são efetivos. Não basta o singelo reconhecimento abstrato de sua existência pelos Estados.

O poder público deve responsabilizar-se pela sua aplicação de maneira incontestável, não podendo tais direitos existirem apenas no âmbito da subjetividade humana.

3.2.13 Proibição do regresso

Também chamada "vedação do retrocesso", significa que os Estados estão expressamente proibidos de diminuir sua proteção aos Direitos Humanos em relação ao estágio em que se encontram. Tanto a norma interna quanto os tratados internacionais estão impossibilitados de estabelecer quaisquer condicionantes que reduzam ou eliminem direitos pregressamente determinados.

No Brasil, segundo o Ministro do Supremo Tribunal Federal Carlos Velloso, os Direitos Humanos: a) estão escritos na Constituição; b) decorrem do regime e dos princípios por ela adotados – direitos implícitos; e c) estão nos tratados internacionais em que a República Federativa do Brasil seja parte (Constituição Federal, art. 5°, § 2°) (BRASIL, 2004, p. 80).

3.2.14 Historicidade

Os direitos humanos evoluem em um processo histórico.

Cuida-se de um conjunto de fatores que constituem a história dos interesses fundamentais e que condicionam o seu progresso.

4

Declaração Universal dos Direitos Humanos

4.1 Precedentes históricos

No Conselho Econômico e Social da Organização das Nações Unidas se elaborou a Declaração Universal dos Direitos Humanos, que foi aprovada solenemente pela Resolução nº 217, na Terceira Sessão Ordinária da Assembleia Geral da ONU, em Paris, França, em 10 de dezembro de 1948, e consiste na maior vitória na órbita internacional da defesa dos direitos humanos.

Não obstante a Declaração não ser tecnicamente um tratado ou acordo que cria obrigações legais, constitui uma consolidação do direito consuetudinário para o tema nas relações exteriores.

Possui natureza jurídica de Resolução da Organização das Nações Unidas, valendo como uma recomendação de princípios.

"O instrumento formal adotado pela Declaração Universal dos Direitos Humanos foi resolução da Assembleia não constituindo seus dispositivos obrigações jurídicas aos Estados-partes" (MORAES, 2003, p. 37).

A norma teve 48 votos favoráveis, inclusive o do Brasil, na data de sua proclamação e adoção, e oito abstenções: Arábia Saudita, Bielorrússia, Iugoslávia, Polônia, Tchecoslováquia, Ucrânia, URSS e União Sul-Africana.

4.2 Estrutura e objetivos

A Declaração Universal dos Direitos Humanos apresenta em seu corpo textual direitos que são costumeiramente divididos em categorias: os chamados Direitos Humanos de Primeira Geração, também conhecidos como direitos civis e políticos; os Direitos Humanos de Segunda Geração, igualmente denominados direitos econômicos, sociais e culturais; e os Direitos Humanos de Terceira Geração, outrossim chamados direitos de solidariedade.

No entanto, é relevante destacar que a melhor doutrina rejeita essa classificação tradicional de Direitos Humanos, pois, quando se fala em gerações, significa dizer que a subsequente substitui a anterior, o que não acontece na prática. Os Direitos Humanos são, na realidade, indivisíveis, interdependentes e complementares.

De acordo com Flávia Piovesan (2006, p. 13):

> A partir da Declaração de 1948, começa a se desenvolver o Direito Internacional dos Direitos Humanos, mediante a adoção de inúmeros instrumentos internacionais de proteção. A Declaração de 1948 confere lastro axiológico e unidade valorativa a esse campo do Direito, com ênfase na universalidade, indivisibilidade e interdependência dos Direitos Humanos.

A Declaração afirma que o desrespeito aos Direitos Humanos é causa de barbárie e surgiu para atender ao clamor de toda a humanidade, buscando realçar alguns princípios básicos fundamentais para a compreensão da dignidade humana, entre eles, a liberdade e a igualdade. Além de assegurar o direito de resistência, ela correlaciona o estabelecimento de uma compreensão comum dos Direitos Humanos com o seu pleno cumprimento.

Ao introduzir a concepção contemporânea de Direitos Humanos, a Declaração afirma a universalidade, a indivisibilidade e a interdependência dos Direitos Humanos, conferindo paridade hierárquica entre os direitos civis e políticos e os direitos econômicos, sociais e culturais.

Apresentam-se em seu texto a liberdade pessoal; a igualdade, com a vedação das discriminações; os direitos à vida e à segurança; a proibição das prisões arbitrárias; o direito ao julgamento pelo juiz natural; a presunção de inocência; a liberdade de ir e vir; o direito de propriedade; a liberdade de pensamento e de crença; a liberdade de opinião, de reunião e de associação; e o direito de asilo; o direito a uma nacionalidade; a liberdade de casar; o direito à segurança, à educação e à vida cultural. A Declaração Universal dos Direitos Humanos não apresenta sanções aplicáveis à sua violação, nem dispositivos para a efetividade dos direitos previstos, mas inseriu o indivíduo como sujeito de direitos no âmbito internacional.

É certo que os Direitos Humanos são efetivos. Não basta o singelo reconhecimento abstrato de sua existência pelos Estados. O poder público deve responsabilizar-se pela sua aplicação de maneira incontestável, não podendo tais direitos existirem apenas no âmbito da subjetividade humana.

A Declaração de 1948 é composta de um preâmbulo, com sete considerandos, 30 artigos e uma estrutura dividida em duas grandes matérias: do art. I ao XXI, estabelece os direitos civis e políticos e tem conexão com o Estado individualista

38   Direitos Humanos

que revela as vitórias do século XVIII (revoluções liberais – primeira dimensão de direitos fundamentais); do art. XXII ao XXX, reproduz os direitos econômicos, sociais e culturais, e é conexo ao Estado Social que apresenta as conquistas dos séculos XIX e XX (revolução socialista – segunda dimensão de direitos fundamentais). Já a terceira dimensão aparece esparsamente, como nos considerandos, nos arts. I, VIII etc.

A Declaração Universal de Direitos Humanos de 1948 da ONU não constitui, sob o ponto de vista formal, um instrumento jurídico vinculante, em termos gerais, embora, no aspecto material, venha sendo utilizada como importante elemento de interpretação dos tratados e convenções internacionais e como fonte de inspiração para a aprovação e a interpretação das normas internas dos Estados.

4.3 A presença da Declaração Universal dos Direitos Humanos (1948) no Brasil

O art. 4°, inciso II, CF estabelece:

> A República Federativa do Brasil rege-se nas suas relações internacionais pelos seguintes princípios: (...) II – prevalência dos direitos humanos.

Por meio desse princípio, o Brasil manifesta a sua adesão à Declaração Universal dos Direitos Humanos (1948), bem como a sua promoção em território nacional.

Apesar de inúmeras críticas que recebe – nem todas desprovidas de fundamento –, o Brasil é um dos países que mais se preocupa com a aplicação de Direitos Humanos. É signatário de diversas convenções e pactos que conferem eficácia à Declaração Universal.

5

Pacto Internacional dos Direitos Econômicos, Sociais e Culturais

5.1 Precedentes históricos

O Pacto Internacional dos Direitos Econômicos, Sociais e Culturais foi adotado pela XXI Sessão da Assembleia Geral das Nações Unidas, em 19 de dezembro de 1966.

Trata-se de um diploma voltado aos Estados.

5.2 Estrutura e objetivos

O Pacto tem por objetivo conferir aplicabilidade imediata aos direitos previstos, mediante a imposição do dever de assegurá-los aos Estados-partes.

Ele possui 31 artigos que se referem à autodeterminação dos povos e à livre disposição dos seus recursos naturais e riquezas; ao compromisso dos Estados de implementar os direitos previstos; aos direitos propriamente ditos; ao mecanismo de supervisão por meio da apresentação de relatórios ao Comitê; às normas referentes à sua ratificação e entrada em vigor.

O Pacto Internacional dos Direitos Econômicos, Sociais e Culturais, adotado pela Assembleia Geral das Nações Unidas, admite expressamente que sejam impostas restrições legais ao exercício de greve aos membros das Forças Armadas, da Polícia ou da Administração Pública.

Ademais, ele amplia os direitos econômicos, sociais e culturais determinados pela Declaração Universal dos Direitos Humanos (1948), possibilitando a responsabilização nas relações exteriores no caso de descumprimento das normas consignadas.

Os direitos civis e políticos apresentam a garantia de exercício imediato e a efetividade dos instrumentos que asseguram sua realização. Já os direitos econômicos, sociais e culturais têm aplicabilidade progressiva, pois dependem de regulamentação pelos Estados.

O tratado estabelece que, para o monitoramento e a implementação dos direitos ali consignados, o Estado deverá encaminhar relatórios periódicos que serão avaliados pelo Conselho Econômico e Social, possuindo em seu conteúdo as regras implementadas e as dificuldades encontradas.

5.3 A presença do Pacto Internacional dos Direitos Econômicos, Sociais e Culturais (1966) no Brasil

O Pacto Internacional dos Direitos Econômicos, Sociais e Culturais foi aprovado no Brasil pelo Decreto Legislativo n° 226, de 12 de dezembro de 1991, e promulgado pelo Decreto n° 591, de 6 de julho de 1992.

Em 1996, foi lançado o Programa Nacional de Direitos Humanos (PNDH), que concedeu enorme destaque aos direitos

Pacto Internacional dos Direitos Econômicos, Sociais e Culturais   41

civis e políticos, mas também estão consignados alguns direitos econômicos.

Já o Programa Nacional de Direitos Humanos II (PNDH II), lançado em 2002, realizou um processo de revisão e atualização, conferindo maior ênfase aos direitos econômicos, sociais e culturais, incorporando ações específicas para a garantia do direito à educação, à saúde, à previdência e assistência social, ao trabalho, à moradia, a um meio ambiente saudável, à alimentação, à cultura e ao lazer.

Finalmente, em 2009, foi aprovado o Programa Nacional de Direitos Humanos III (PNDH III), que passou a contar com "eixos orientadores" e "diretrizes", especificando as diferentes dimensões de direitos humanos.

Em nosso território existem mecanismos que proporcionam a consolidação dos direitos sociais, como se pode verificar com o mandado de injunção e a ação civil pública.

6

Pacto Internacional dos Direitos Civis e Políticos

6.1 Precedentes históricos

O Pacto Internacional dos Direitos Civis e Políticos começou a ser elaborado em 1949 pela Assembleia Geral da Organização das Nações Unidas, mas foi finalizado somente em 19 de dezembro de 1966, adotado na sua XXI Sessão.

Uma vez criado, era necessário alcançar o número de ratificações para sua entrada em vigor, o que aconteceu apenas em 1976. O Pacto reconhece direitos e deveres da Declaração Universal dos Direitos Humanos (1948), detalhando-a e estendendo seu rol.

6.2 Estrutura e objetivos

É um diploma voltado aos indivíduos. No que é pertinente à disposição dos artigos, o Pacto pode ser dividido, precipuamente, em duas seções. A primeira elenca direitos fundamentais, limitados aos âmbitos civil e político, que são denominados de primeira dimensão, e a segunda seção estabelece os dispositivos do Pacto referentes à estrutura normativa, que é de monitoramento à sua implementação.

Cuidam-se de direitos que são autoaplicáveis e que estão sujeitos à cobrança imediata, por meio de um Comitê que recebe as denúncias de suas violações e toma as medidas cabíveis ao Estado que ratificou o Pacto.

Inicialmente, o Pacto ratifica o direito dos povos à autodeterminação, que resulta na definição de seu estatuto político e de desenvolvimento econômico, social e cultural, assim como na disposição de suas riquezas e recursos naturais. De acordo com o diploma, os Estados-partes que administrem ou mantenham territórios ou povos não autônomos devem empreender esforços para estimular o seu direito à autodeterminação.

O Pacto Internacional dos Direitos Civis e Políticos (1966) previu novas espécies de direitos humanos, além daquelas previstas na Declaração Universal dos Direitos Humanos (1948).

É importante destacar que o tratado internacional consagra alguns valores alusivos à dignidade da pessoa do trabalhador, como a proibição de escravidão, de servidão e de trabalhos forçados, além de garantir o direito de fundar sindicatos.

O Pacto Internacional dos Direitos Civis e Políticos (1966) prevê que os direitos políticos dos condenados criminalmente poderão ser restringidos, desde que de maneira fundamentada.

Excepcionalmente, em situações que ameacem a existência da nação que tenham sido proclamadas oficialmente, o Estado-parte poderá suspender a aplicação do diploma, na forma de seu art. 4º. No entanto, o § 2º do mesmo dispositivo não autoriza a derrogação da proibição da escravidão e de prisão por não cumprimento de obrigação contratual.

É dever dos Estados-partes introduzir em seus ordenamentos jurídicos os direitos e garantias previstos no Pacto, bem como garantir o livre acesso à justiça e o cumprimento das decisões judiciais, principalmente por ele próprio.

6.3 O Pacto Internacional dos Direitos Civis e Políticos (1966) no Brasil

Foi aprovado pelo Decreto Legislativo n° 226, de 12 de dezembro de 1991, e promulgado pelo Decreto n° 592, de 6 de julho de 1992.

7

Convenção Internacional sobre a Eliminação de Todas as Formas de Discriminação Racial

7.1 Precedentes históricos

A Convenção Internacional sobre a Eliminação de Todas as Formas de Discriminação Racial foi adotada pela Organização das Nações Unidas, mediante a Resolução n° 2.106-A, na XX Sessão da Assembleia Geral, em 21 de dezembro de 1965. No entanto, entrou em vigor internacional somente em 4 de janeiro de 1969.

Três importantes aspectos da história dimensionaram a realização desse diploma internacional: o repúdio às práticas nazistas na Segunda Grande Guerra Mundial (1° de setembro de 1939 a 2 de setembro de 1945) e o recrudescimento de atividades dessa natureza no continente europeu; a aprovação pela Assembleia Geral da Organização das Nações Unidas da Declaração sobre a Outorga de Independência aos Países e Povos Coloniais, em 14 de dezembro de 1960, que trouxe consigo o ingresso de 17 novos países na ONU; e a reunião das delegações de 25 países, em Belgrado, na antiga Iugoslávia, de 1° a 6 de setembro de 1961, na Primeira Conferência dos Chefes de Estado e de Governo Não Alinhados, sobre a corrida armamentista entre os EUA e a União Soviética.

Os Estados que naquele instante histórico haviam recentemente abandonado sua condição de colônia foram vítimas da discriminação do colonizador.

Dentro de todo esse contexto, fez-se necessária a elaboração de regras internacionais contrárias à discriminação racial, com aplicabilidade global.

7.2 Estrutura e objetivos

A Convenção Internacional sobre a Eliminação de Todas as Formas de Discriminação Racial (1965) teve como fundamento a disposição do art. 2° da Declaração Universal dos Direitos Humanos, que define como objetivo que todas as pessoas têm capacidade para gozar dos direitos e das liberdades nela consagrados, "sem distinção de qualquer espécie, seja de raça, cor, sexo, língua, religião, opinião política ou de outra natureza", bem como do art. 1°, § 3°, da Carta da ONU (1945), que estabelece o objetivo de promover os direitos humanos de todas as pessoais "sem distinção de raça, sexo, língua ou religião".

No "considerando" da Convenção Internacional sobre a Eliminação de Todas as Formas de Discriminação Racial (1965), os Estados se mostram "convencidos de que a doutrina da superioridade baseada em diferenças sociais é cientificamente falsa, moralmente condenável, socialmente injusta e perigosa, e que não existe justificação para a discriminação racial, em teoria ou na prática, em lugar algum".

A Convenção tem por objetivo suprimir toda e qualquer forma e manifestação de discriminação baseada em raça, cor, descendência ou origem nacional ou étnica que tenha por finalidade ou efeito anular ou restringir o reconhecimento, o gozo ou o exercício em igualdade de condições de direitos humanos e liberdades fundamentais nos domínios político, econômico, social, cultural ou em qualquer outro de vida pública.

Estabelece ainda ações afirmativas para a aplicação de medidas especiais que tenham como propósito assegurar o progresso adequado de certos grupos raciais ou étnicos ou de indivíduos que necessitam da proteção que possa ser necessária para proporcionar igual gozo ou exercício de direitos humanos e liberdades fundamentais, desde que não estimulem a segregação e não prossigam após ter alcançado seus desígnios.

Há um conjunto de procedimentos de monitoramento e fiscalização do combate às discriminações nos Estados empregado pelo Comitê para a Eliminação da Discriminação Racial, que analisará as petições individuais com denúncias de violação ao diploma, os relatórios encaminhados pelos Estados-membros e as comunicações interestatais.

É relevante destacar que as petições individuais apenas serão analisadas se os Estados firmaram declarações anteriores habilitando o Comitê a recebê-las e examiná-las.

7.3 A presença da Convenção Internacional sobre a Eliminação de Todas as Formas de Discriminação Racial (1965) no Brasil

A Convenção Internacional sobre a Eliminação de Todas as Formas de Discriminação Racial foi assinada pelo Brasil em

50 Direitos Humanos

7 de março de 1966, tendo sido ratificada pelo Brasil em 27 de março de 1968, sem reservas, e promulgada em 8 de dezembro de 1969, pelo Decreto n° 65.810.

A discriminação no território nacional é um fenômeno histórico, com surgimento no período colonial brasileiro, em virtude da escassez de mão de obra branca e consequente exploração do índio, do negro e do mulato no exercício de atividades braçais. Não se pode olvidar também acerca da inferiorização da mulher, observada apenas como objeto de exploração sexual.

Com a abolição da escravatura realizada sem nenhum planejamento, operou-se socialmente uma marginalização e um desfavorecimento das pessoas que se encontravam sob aquela condição.

É importante destacar que, influenciadas pela assinatura da Convenção, a Constituição de 1967 e também a Emenda n° 1 de 1969 implantaram a constitucionalização do crime de preconceito e de raça, bem como consagraram o princípio da igualdade perante a lei, sem distinção de sexo, raça, trabalho, credo religioso e convicção política.

Já a Constituição Federal brasileira de 1988, além de consignar o princípio da dignidade da pessoa humana e o da igualdade, ainda estabelece a imprescritibilidade e a inafiançabilidade do delito de racismo na esfera dos direitos e das garantias fundamentais, com previsão em lei ordinária, que mostrou sua face com o surgimento da Lei n° 7.716/1989.

A Lei n° 7.716/1989, que tem como fundamento o dispositivo constitucional e o texto da Convenção, preleciona que serão punidos os crimes resultantes de discriminação ou preconceito.

Os delitos dessa natureza versam, em apertada síntese, sobre o impedimento do exercício de direitos inerentes ao indivíduo em razão de suas características inerentes à raça, à cor, à etnia, à religião ou à procedência nacional.

Há também no Código Penal brasileiro, em razão da Lei nº 10.741/2003, a injúria por preconceito, estabelecida no art. 140, § 3°, do diploma repressivo.

8

Convenção sobre a Eliminação de Todas as Formas de Discriminação contra a Mulher

8.1 Precedentes históricos

A Convenção sobre a Eliminação de Todas as Formas de Discriminação contra a Mulher foi adotada pela Organização das Nações Unidas, mediante a Resolução n° 34/180, em 18 de dezembro de 1979.

8.2 Estrutura e objetivos

A Convenção sobre a Eliminação de Todas as Formas de Discriminação contra a Mulher tem como principais objetivos erradicar qualquer forma de diferenciação, segregação, intolerância ou preconceito contra a mulher, assegurando a igualdade de direitos e oportunidades.

O tratado internacional estabelece, no art. 1°, que discriminação contra a mulher significa:

> Toda distinção, exclusão ou restrição baseada no sexo e que tenha por objetivo ou resultado, prejudicar ou anular o reconhecimento, gozo, exercício pela mulher, independentemente de seu estado civil, com base na igualdade do homem e da mulher, dos direitos humanos e das liberdades fundamentais nos campos político, econômico, social, cultural e civil ou em qualquer outro campo.

Cabe ao Estado, paulatinamente, elidir qualquer ação ou omissão existente no seu direito interno que possa conferir tratamento pior e/ou injusto à mulher em razão de características que lhe são inerentes. Para isso, deve haver o reconhecimento das habilidades e necessidades femininas decorrentes de diferenças biológicas entre os gêneros, sem prejuízo da aplicação de medidas afirmativas para estimular a igualdade, conforme estabelece o art. 4° da Convenção. Cuidam-se de providências excepcionais e perecedouras que cessarão assim que alcançados os objetivos previstos na Convenção.

É importante destacar que, não obstante a Convenção tenha sido um tratado internacional com extensa aquiescência no cenário das relações exteriores, com muitas ratificações, o seu alcance e a sua extensão mostraram-se comprometidos em razão das reservas, que tocaram a essência de seus valores.

Dentre os Tratados Internacionais de Direitos Humanos (TIDH), a Convenção sobre a Eliminação de Todas as Formas de Discriminação contra a Mulher (1979) foi a que mais recebeu objeções, observando-se que pelo menos 23 Estados fizeram 88 reservas materiais.

Assim, conclui-se que sua universalização teve como custo o comprometimento de sua integridade.

8.3 A presença da Convenção sobre a Eliminação de Todas as Formas de Discriminação contra a Mulher (1979) no Brasil

A Convenção sobre a Eliminação de Todas as Formas de Discriminação contra a Mulher (1979) foi ratificada pelo Brasil em 1° de fevereiro de 1984 e promulgada em 13 de setembro de 2002, pelo Decreto n° 4.377.

Quando da ratificação, em 1984, o Brasil apresentou reservas ao art. 15, § 4°, que possui a seguinte redação:

> Os Estados-partes concederão ao homem e à mulher os mesmos direitos no que respeita à legislação relativa ao direito das pessoas, à liberdade de movimento e à liberdade de escolha de residência e domicílio.

Outrossim, apresentou reservas ao art. 16, § 1°, alíneas *a, c, g* e *h*, que possui a seguinte redação:

> Os Estados-partes adotarão todas as medidas adequadas para eliminar a discriminação contra a mulher em todos os assuntos relativos ao casamento e às relações familiares e, em particular, com base na igualdade entre homens e mulheres, assegurarão: a) o mesmo direito de contrair matrimônio; c) mesmos direitos e responsabilidades durante o casamento e por ocasião de sua dissolução; g) os mesmos direitos pessoais como marido e mulher, inclusive o direito de escolher sobrenome, profissão e ocupação; h) os mesmos direitos a ambos os cônjuges em matéria de propriedade, aquisição, gestão, administração, gozo e disposição dos bens, tanto a título gratuito quanto a título oneroso.

Em 20 de dezembro de 1994, o governo brasileiro notificou Boutros Boutros-Ghali, o então Secretário-Geral da Organização das Nações Unidas sobre a supressão das reservas retromencionadas.

Com o movimento de democratização do país, que ganhou força na década de 1980, o Brasil buscou inserir-se no mesmo nível encontrado no sistema internacional de proteção aos direitos humanos, com uma inédita interpretação e flexibilização dos primados tradicionais, tais como a soberania e a não intervenção.

Isso ficou bastante claro na Constituição Federal de 1988, em especial no art. 4°, que estabelece os princípios de regimento do Brasil em suas relações exteriores.

Desde então, outros tratados internacionais de proteção aos direitos humanos foram incorporados ao ordenamento jurídico brasileiro, cabendo destacar a Convenção Interamericana para Prevenir, Punir e Erradicar a Violência contra a Mulher (1994), também conhecida como Convenção de Belém do Pará, que foi adotada pela Assembleia Geral da Organização dos Estados Americanos em 6 de junho de 1994 e ratificada pelo Brasil em 27 de novembro de 1995, tendo sido promulgada em 1° de agosto de 1996 pelo Decreto n° 1.973.

Em 27 de junho de 2019, entrou em vigor o Decreto n° 9.871, que dispõe sobre o Comitê Gestor da Política Nacional de Atenção às Mulheres em Situação de Privação de Liberdade e Egressas do Sistema Prisional. Cuida-se de um órgão permanente de assessoramento destinado a formular propostas sobre diretrizes, objetivos e metas da Política Nacional de Atenção às Mulheres em Situação de Privação de Liberdade e Egressas do Sistema Prisional; e iniciativas para garantir os direitos das mulheres, nacionais e estrangeiras, previstos na Lei de Execuções Penais (Lei n° 7.210/1984).

9

Convenção contra a Tortura e Outros Tratamentos ou Penas Cruéis, Desumanos ou Degradantes

9.1 Precedentes históricos

A Convenção contra a Tortura e Outros Tratamentos ou Penas Cruéis, Desumanos ou Degradantes foi adotada pela Organização das Nações Unidas, mediante a Resolução n° 39/1946, em 10 de dezembro de 1984. No entanto, entrou em vigor internacional somente em 26 de junho de 1987, quando foram completados 30 dias contados da data em que o vigésimo instrumento de ratificação foi depositado junto ao Secretário-Geral.

Já em meados do século XVIII, no movimento que pregou a reforma das leis e da administração da justiça penal, caracterizado como período humanitário, Cesare Bonesana, o Marquês de Beccaria, publicou, mais precisamente em 1764, em Milão, a obra *Dos delitos e das penas*, que firmou os seguintes postulados básicos: o cidadão, em sociedade, cede parcela de sua liberdade e direitos. Não se podem aplicar penas que atinjam direitos não cedidos, como no caso das sanções cruéis; só as leis podem fixar penas, não sendo permitido ao juiz aplicar sanções de forma arbitrária; a prisão preventiva se justifica somente com a prova da existência do crime e de sua autoria; devem ser admitidas em juízo todas as provas, inclusive a palavra dos condenados; a pena não deve passar da pessoa do réu; não se deve permitir o testemunho secreto, a tortura para o interrogatório e os juízos de Deus (prova de água fervente, ferro em brasa etc.); a pena não deve servir só para intimidar o cidadão, mas para recuperar o delinquente.

Desperta com ele, portanto, a argumentação definitiva sobre a irracionalidade da tortura, seja como pena ou como instrumento para a investigação. Ela é desumana e ineficaz.

Os pensamentos humanistas progrediram bastante desde o século XVIII, e, como consequência, a tortura deixa de ser legalmente admitida em grande parte dos Estados. Contudo, prossegue, em muitos casos, à margem da lei.

A partir do século XX, a tortura invadiu os territórios do globo terrestre mediante regimes totalitários e antidemocráticos.

Os Estados também passaram a empregar a tortura em um contexto beligerante, em que, a título de exemplo, podem-se citar as atrocidades cometidas na Primeira Grande Guerra Mundial (28 de julho de 1914 a 11 de novembro de 1918) e na Segunda Grande Guerra Mundial (1º de setembro de 1939 a 2 de setembro de 1945).

Torna-se essencial ressaltar que muitas das práticas de tortura utilizadas na Segunda Grande Guerra Mundial foram exportadas para Estados que foram ocupados pelos nazistas, como a Noruega, a Itália e a França, que, em especial, têm um histórico de condutas dessa natureza contra manifestantes políticos, com destaque para os trágicos eventos envolvendo estudantes em maio de 1968.

A década de 1970 foi formada basicamente pela multiplicação do regime ditatorial nas relações exteriores, com flagrante insubordinação aos direitos humanos, motivada, não raro, por perseguições de caráter político.

Dentro de todo esse contexto, fez-se necessária a elaboração de regras internacionais contrárias à prática da tortura e outros tratamentos ou penas cruéis, desumanos ou degradantes, com aplicabilidade global.

9.2 Estrutura e objetivos

O art. 1º, § 1º, estabelece que:

> Para os fins desta Convenção, o termo "tortura" designa qualquer ato pelo qual uma violenta dor ou sofrimento, físico ou mental, é infligido intencionalmente a uma pessoa, com o fim de se obter dela ou de uma terceira pessoa informações ou confissão; de puni-la por um ato que ela ou uma terceira pessoa tenha cometido ou seja suspeita de ter cometido; de intimidar ou coagir esta pessoa ou uma terceira pessoa; ou por qualquer razão baseada em discriminação de qualquer espécie, quando tal dor ou sofrimento é imposto por um funcionário público ou por outra pessoa atuando no exercício de funções públicas, ou ainda por instigação dele ou com o seu consentimento ou aquiescência. Não se considerará como tortura as dores ou sofrimentos que sejam consequência, inerentes ou decorrentes de sanções legítimas.

A definição, portanto, exige a presença de três requisitos elementares para a configuração crime:

a) a imposição intencional de dor ou sofrimentos físicos ou mentais;

b) o objetivo da conduta: aquisição de informações ou confissões, aplicação de castigo, intimidação ou coação e "qualquer outro motivo baseado em discriminação de qualquer natureza";

c) a conexão do agente ou responsável com o Estado: "funcionário público ou outra pessoa no exercício da função pública", em ação mediata ou imediata.

No entanto, o § 2° do mesmo dispositivo aduz que "este artigo não prejudicará qualquer instrumento internacional ou lei nacional que contenha ou possa conter disposições de maior alcance". Ou seja, nada impede que a definição do delito possa ser ampliada.

Há um conjunto de procedimentos de monitoramento e fiscalização do combate à tortura nos Estados e é empregado pelo Comitê contra a Tortura, que analisará as petições individuais com denúncias de violação ao diploma, os relatórios encaminhados pelos Estados-membros e as comunicações interestatais.

Em nenhum caso poderão invocar-se circunstâncias excepcionais, como ameaça ou estado de guerra, instabilidade política interna ou qualquer outra emergência pública, como justificativa para a tortura.

É relevante destacar que as petições individuais e as comunicações interestatais apenas serão analisadas se os Estados firmaram declarações anteriores habilitando o Comitê a recebê-las e examiná-las.

9.3 A presença da Convenção contra a Tortura e outros Tratamentos ou Penas Cruéis, Desumanos ou Degradantes no Brasil

A Convenção contra a Tortura e outros Tratamentos ou Penas Cruéis, Desumanos ou Degradantes (1984) foi aprovada pelo Brasil em 23 de maio de 1989, pelo Decreto Legislativo n° 4, e promulgada em 15 de fevereiro de 1991, pelo Decreto n° 40.

O legislador constitucional, quando da construção da Carta Magna, estabeleceu que "ninguém será submetido a tortura nem a tratamento desumano ou degradante" (art. 5°, III) e também que "a lei considerará crimes inafiançáveis e insuscetíveis de graça ou anistia a prática de tortura (...) por eles respondendo os mandantes, os executores e os que, podendo evitá-los, se omitirem" (art. 5°, XLIII).

Para conferir executividade ao dispositivo constitucional e para atender ao estabelecido no art. 4° da Convenção ("cada Estado-parte assegurará que todos os atos de tortura sejam considerados crimes segundo a sua legislação penal"), o legislador ordinário elaborou a Lei n° 9.455, de 7 de abril de 1997, que definiu os delitos de tortura.

De acordo com a Lei n° 9.455, que contém poucos artigos, a tortura é delito comum, podendo ser praticado por qualquer pessoa. No entanto, se o crime for cometido por agente público, na forma do art. 327 do Código Penal, incide uma causa de aumento de pena de um sexto a um terço, prevista no § 4°, inciso I.

10

Convenção sobre os Direitos das Pessoas com Deficiência e seu Protocolo Facultativo

10.1 Precedentes históricos

Em 7 de junho de 1999, foi assinada a Convenção Interamericana para Eliminação de Todas as Formas de Discriminação contra as Pessoas Portadoras de Deficiência. No entanto, era necessário um diploma de caráter global, que oferecesse uma proteção maior às pessoas nessas condições. Com essa mentalidade, surgiu a Convenção sobre os Direitos das Pessoas com Deficiência e seu Protocolo Facultativo, assinada em 30 de março de 2007.

10.2 Estrutura e objetivos

A Convenção sobre os Direitos das Pessoas com Deficiência (2007), ao contrário da Convenção Interamericana para a Eliminação de Todas as Formas de Discriminação contra as Pessoas Portadoras de Deficiência (1999), abrange "formas múltiplas ou agravadas de discriminação por causa de raça, cor, sexo, idioma, religião, opiniões políticas ou de outra natureza, origem nacional, étnica, nativa ou social, propriedade, nascimento, idade ou outra condição" (Preâmbulo, alínea p), estabelecendo regras especiais que cuidam dessas hipóteses, como se pode verificar, exemplificadamente, na proteção concedida às mulheres (art. 6°) e às crianças (art. 7°).

Além disso, há o reconhecimento da diversidade das pessoas com deficiência (preâmbulo, alínea i), que enfrentam obstáculos à sua participação como integrantes da sociedade, com a consequente violação aos direitos humanos.

O objetivo da Convenção é proporcionar, proteger e assegurar o pleno e equitativo exercício de todos os direitos humanos por todas as pessoas com deficiência e promover o respeito pela dignidade que lhes é inerente.

A Convenção estabelece que pessoas com deficiência são aquelas que têm impedimentos de longo prazo de natureza física, mental, intelectual ou sensorial, os quais, em interação com diversas barreiras, podem obstruir sua participação plena e efetiva na sociedade em igualdades de condições com as demais pessoas.

A discriminação por motivo de deficiência se caracteriza pela diferenciação, pela exclusão ou pela restrição baseada em deficiência, que possa impedir ou impossibilitar o reconhecimento, o desfrute ou o exercício, em igualdade de oportunidades, com as demais pessoas, de todos os direitos humanos e liberdades fundamentais nos âmbitos político, econômico, social, cultural, civil ou qualquer outro.

O tratado também garante às pessoas com deficiência a proteção à sua integridade, por meio da prevenção contra a exploração e o abuso, o respeito à sua privacidade, a adoção de medidas que lhe confiram condições de mobilidade pessoal, vida

Convenção sobre os Direitos das Pessoas com Deficiência e seu Protocolo Facultativo 65

independente e inclusão na comunidade. Outrossim, assegura o reconhecimento ao direito das pessoas com deficiência ao trabalho e emprego, além da participação na vida política e pública.

O diploma determina a implementação de um Comitê sobre os Direitos das Pessoas com Deficiência, que tem por objetivo monitorar a aplicação da Convenção nos Estados que ratificaram o documento.

Em 3 de novembro de 2008, houve uma eleição durante a Primeira Conferência de Estados-partes sobre a Convenção, que aconteceu na sede da ONU em Nova Iorque, e 12 especialistas foram eleitos para o Comitê.

Houve a consideração de equidade na distribuição geográfica, com a representação de diversas formas de civilização e diferentes sistemas jurídicos, além do equilíbrio de gênero e participação de especialistas com deficiência.

O tratado representa uma importante alteração de paradigma, pois confere à sociedade a responsabilidade pelas pessoas com deficiência.

É importante destacar que mais de 140 Estados assinaram o diploma e mais de 90 o ratificaram, inclusive o Brasil.

Em 1º de setembro de 2010, na Terceira Conferência de Estados-partes sobre a Convenção, que ocorreu mais uma vez na sede da ONU, foram eleitos mais seis especialistas, totalizando 18 integrantes.

O Protocolo Facultativo à Convenção tem por objetivo o reconhecimento da Competência do Comitê pelo Estado-parte para receber e considerar comunicações submetidas por pessoas ou grupo de pessoas, ou em nome delas, sujeitas à sua jurisdição, alegando serem vítimas de violação das disposições do diploma.

10.3 A presença da Convenção sobre os Direitos das Pessoas com Deficiência e seu Protocolo Facultativo (2007) no Brasil

A Convenção sobre os Direitos das Pessoas com Deficiência e seu Protocolo Facultativo foi aprovada pelo Brasil pelo Decreto Legislativo n° 186, de 9 de julho de 2008, sendo ratificada em 1° de agosto de 2008 e promulgada pelo Decreto n° 6.949, de 25 de agosto de 2009.

Foi o primeiro tratado internacional de direitos humanos aprovado pelo Brasil em consonância com o disposto no art. 5°, § 3°, da Constituição Federal, com a redação dada pela EC n° 45/2004, segundo o qual:

> Os tratados e convenções internacionais sobre direitos humanos que forem aprovados, em cada Casa do Congresso Nacional, em dois turnos, por três quintos dos votos dos respectivos membros, serão equivalentes às emendas constitucionais.

Cuida-se, portanto, de tratado material e formalmente constitucional que não pode ser objeto de denúncia nas relações exteriores.

11

Estatuto de Roma (Tribunal Penal Internacional)

11.1 Precedentes históricos

Ao contrário dos tribunais de exceção, que surgem mediante resolução do Conselho de Segurança da Organização das Nações Unidas, o Tribunal Penal Internacional foi criado por meio de um tratado internacional denominado Estatuto de Roma.

O Estatuto de Roma é um tratado multilateral, *stricto sensu*, normativo, estático, territorial absoluto e aberto ilimitado.

"O Tribunal Penal Internacional é um tribunal judicial permanente com jurisdição mundial para processar pessoas por violações graves de leis humanitárias" (GUERRA, 2007, p. 2003).

O fantástico êxito da sua criação pode ser entendido como o marco mais relevante já estabelecido pela sociedade internacional no indispensável combate contra a ignominiosa impunidade e em proveito de maior deferência aos direitos humanos.

Segundo o conselheiro do Ministro da Justiça da Alemanha Hans-Jörg Behrens, "o Estatuto do Tribunal Penal

Internacional é, em muitos aspectos, uma quebra de paradigmas existentes" (Instigação, julgamento e recurso. In: AMBOS; CHOUKR, 2000, p. 63).

O desígnio para a criação de um Tribunal Penal Internacional permanente não era recente, mas apenas em 1989 Trinidad Tobago propôs novamente a ideia de uma corte permanente perante a Assembleia Geral da ONU.

Em 1994, a Comissão de Direito Internacional da Organização das Nações Unidas apresentou um projeto final de estatuto para a sua criação e recomendou que uma conferência de plenipotenciários fosse convocada para negociar um tratado a fim de promulgar o instrumento.

Então, a Assembleia Geral da ONU estabeleceu um comitê *ad hoc*, especificamente designado para revisar o projeto de estatuto do Tribunal Penal Internacional.

Foi formada uma coalizão de Organizações Não Governamentais para coordenar os esforços de organizações de direitos humanos, como a Anistia Internacional, a Federação Internacional das Ligas de Direitos Humanos, a *Human Rights Watch*, dentre outras, com o intuito de proporcionar uma efetiva implementação do Tribunal.

O comitê *ad hoc* celebrou reuniões na sede das Nações Unidas e, em dezembro de 1995, a Assembleia Geral estabeleceu um Comitê Preparatório, com aproximadamente três anos de vigência (25 de março de 1996 até 12 de abril de 1998) para finalizar um texto a ser apresentado em uma conferência de plenipotenciários.

Em 1997, houve a convocação da Conferência Diplomática, que teve início em Roma, nas dependências da Organização das Nações Unidas para a Alimentação e a

Agricultura (FAO, sigla de *Food and Agriculture Organization*), no dia 15 de junho de 1998.

Até o dia de seu encerramento, em 17 de julho de 1998, 160 Estados, 17 Organizações Internacionais Intergovernamentais, 14 agências das Nações Unidas e 124 Organizações Não Governamentais (FERNANDES, 2006, p. 142) participaram da Conferência Diplomática dos Plenipotenciários das Nações Unidas para o estabelecimento do Tribunal Penal Internacional.

A coalizão de Organizações Não Governamentais para o Tribunal Penal Internacional participou ativamente na Conferência de Roma, monitorando as negociações, remetendo informações para a sua distribuição em todo o mundo e facilitando a participação e as atividades de mais de 200 Organizações Não Governamentais.

O Estatuto de Roma do Tribunal Penal Internacional foi aprovado por 120 Estados e teve sete votos contrários: Estados Unidos, China, Índia, Israel, Filipinas, Sri Lanka e Turquia.

Os EUA sustentaram que o Tribunal Penal Internacional poderia debilitar o Conselho de Segurança da Organização das Nações Unidas e que a Corte não deveria ter competência sobre cidadãos de países que não tenham ratificado o Estatuto de Roma.

A China votou de forma contrária à criação do Tribunal Penal Internacional, em virtude da questão do Tibet.

A Índia foi, e ainda é, contrária ao "princípio da complementaridade" (que será analisado no subitem 11.2, *infra*), que ela entende ofender sua soberania.

Israel manifestou sua contrariedade em face do conceito, adotado no Estatuto de Roma, de crimes de guerra.

Assim sendo, "o otimismo idealista que suscitou tem de ser contrastado com o fato de que alguns dos Estados mais poderosos da atualidade se posicionaram contra as normas do tratado" (FERREIRA FILHO, 2006, p. 96).

Apesar disso, em 18 de julho de 1998, o Estatuto de Roma foi colocado à disposição dos Estados para a assinatura.

O Senegal foi o primeiro Estado a ratificar o tratado internacional, em 2 de fevereiro de 1999.

No dia 11 de abril de 2002, foram alcançadas 60 ratificações, tendo sido, portanto, superada a condição necessária para que o Tribunal Penal Internacional fosse efetivado.

O Estatuto de Roma:

> Entrou em vigor internacional em 1º de julho de 2002, correspondente ao primeiro dia do mês seguinte ao termo do período de 60 dias após a data do depósito do sexagésimo instrumento de ratificação, de aceitação, de aprovação ou de adesão junto ao Secretário-Geral das Nações Unidas, nos termos do seu art. 126, § 1º (MAZZUOLI, 2005b, p. 129).

Em face da péssima repercussão de seu voto contrário na Conferência Diplomática, os Estados Unidos assinaram o Estatuto de Roma em 31 de dezembro de 2000, ainda sob a aura do governo democrata de Bill Clinton. Porém, em 6 de maio de 2002, já sob o comando do republicano George Walker Bush, comunicaram formalmente sua intenção de não o ratificar.

De acordo com o art. 120 do Estatuto de Roma, não são admitidas reservas no instrumento. Portanto, um Estado deve aceitar o tratado internacional ou rejeitá-lo na íntegra. Se manifestar favoravelmente seu consentimento, não poderá apresentar escusas para o cumprimento de suas obrigações.

Todavia, ressalta-se que a possibilidade de os Estados limitarem a sua jurisdição no que tange aos crimes de guerra, excluindo-a por um prazo de sete anos, constitui a admissão implícita da reserva (LIMA; BRINA, 2006, p. 68-69).

Atualmente, 123 Estados (33 são da África, 19 são da Ásia, 18 são do Leste Europeu, 28 são da América Latina e do Caribe e 25 são da Europa Ocidental e outros Estados) são membros do Tribunal Penal Internacional, que está estabelecido em Haia, na Holanda, pois já ratificaram seu estatuto.

11.2 Estrutura e objetivos

O Estatuto de Roma possui 128 artigos, com um preâmbulo e 13 capítulos:

- Capítulo I – Criação do Tribunal;
- Capítulo II – Competência, Admissibilidade e Direito Aplicável;
- Capítulo III – Princípios Gerais de Direito Penal;
- Capítulo IV – Composição e Administração do Tribunal;
- Capítulo V – Inquérito e Procedimento Criminal;
- Capítulo VI – O Julgamento;
- Capítulo VII – As Penas;
- Capítulo VIII – Recurso e Revisão;
- Capítulo IX – Cooperação Internacional e Auxílio Judiciário;
- Capítulo X – Execução da Pena;
- Capítulo XI – Assembleia dos Estados-partes;
- Capítulo XII – Financiamento;
- Capítulo XIII – Cláusulas Finais.

O art. 34 do Estatuto de Roma aduz que o Tribunal é composto pela Presidência; por uma Seção de Recursos, uma Seção de Julgamento em Primeira Instância e uma Seção de Instrução; pelo Gabinete do Procurador; e pela Secretaria.

A Corte possui um sistema judiciário autônomo, que não se utiliza de disposições de nenhum Estado, pois tem regras procedimentais próprias.

Similarmente ao que ocorre no ordenamento organizacional jurídico brasileiro, em que o Ministério Público tem "autonomia funcional e administrativa" (art. 127, § 2º, da CF), no Tribunal Penal Internacional, o mesmo órgão não se insere no quadro administrativo comum; "ele funciona junto ao TPI, e não no TPI" (MAIA, 2001, p. 72) e o seu integrante é denominado "procurador". Assim, o procurador atua de forma independente, competindo-lhe o recolhimento de informações sobre crimes de competência do Tribunal, com a finalidade de os examinar, investigar e de exercer a ação penal.

O órgão julgador deve ser formado por, no mínimo, 18 juízes, de nacionalidades diferentes, do sexo masculino e feminino, podendo o número ser elevado em razão do volume de trabalho por proposta da Presidência, devendo ser objeto de apreciação em sessão da Assembleia dos Estados-partes, com aprovação de dois terços de seus membros. O número será progressivamente reduzido ao limite mínimo, à medida que expirarem os mandatos.

Desde a sua gênese até a atualidade, a Corte é composta pelo número mínimo.

O financiamento da Corte é constituído pelas cotas dos Estados-partes e pelos fundos provenientes da Organização das Nações Unidas, sujeitos à aprovação da Assembleia Geral, principalmente no que se refere às despesas relativas a questões remetidas para o Tribunal pelo Conselho de Segurança e também por contribuições voluntárias dos Governos, das Organizações Internacionais Intergovernamentais, dos particulares, das empresas e demais entidades, conforme critérios determinados pela Assembleia dos Estados-partes.

As normas do Estatuto de Roma visam à responsabilidade de indivíduos, e não de Estados ou Organizações Internacionais Intergovernamentais.

Assim, se um Estado ou uma Organização Internacional Intergovernamental comete ato delituoso que configure genocídio, crime contra a humanidade, crime de guerra ou crime de agressão, devem ser buscados os responsáveis físicos, que devem responder pessoalmente ao Tribunal Penal Internacional.

Isso ocorre porque sem a responsabilidade criminal individual não se alcança a finalidade do direito penal. A aplicação da sanção deve existir, com muito mais razão, se a pessoa agir em seu próprio nome.

Afirmar o contrário significa negar a existência de um sistema de responsabilidade penal internacional e apoiar o antigo e superado entendimento de que os indivíduos não podem ser considerados sujeitos de direito internacional, pois são apenas representantes dos Estados.

Como acertadamente preleciona Celso Renato Duvivier de Albuquerque Mello (2004, p. 1.010), "a responsabilidade do agente pressupõe também aqui, a exemplo do direito penal, a culpabilidade do agente".

No julgamento, deve se observar a individualização da pena e a proporcionalidade entre circunstâncias agravantes e atenuantes.

Em consideração ao princípio de respeito à dignidade da pessoa humana, o Estatuto de Roma preconiza que o Tribunal Penal Internacional não terá jurisdição sobre pessoas menores de 18 anos à época da prática da conduta criminosa.

Observado o mesmo princípio, a sanção capital foi abolida, sendo, portanto, inaplicável a pena de morte. A pena privativa de liberdade não poderá superar 30 anos, salvo em casos de extrema gravidade, em que o elevado grau de ilicitude do fato e as condições penais do condenado o justificarem, quando será possível o estabelecimento de prisão perpétua. Porém, haverá necessariamente uma revisão da pena decorridos 25 anos do seu cumprimento.

O Tribunal Penal Internacional prima pelo respeito ao "princípio do juiz natural", ao "princípio da reserva legal", ao "princípio da legalidade" e ao "princípio da anterioridade", pois os juízes já foram escolhidos para a composição da Corte e a norma jurídica a ser aplicada aos crimes já foi consubstanciada no Estatuto de Roma.

O preceito *nullum crimen sine lege* é respeitado em todas as suas vertentes – um indivíduo apenas pode ser julgado em face de uma conduta: que já tenha sido positivada pelo tratado internacional ao instante da sua prática (*scripta*); que tenha sido realizada depois da entrada em vigor do Estatuto (*praevia*); que tenha sido definida com objetividade (*certa*); que seja específica e, portanto, não possa ser interpretada pela aplicação da analogia (*stricta*).

A atuação do Tribunal Penal Internacional leva em consideração o princípio da complementaridade, assentando-se "no primado da legalidade, mediante uma justiça preestabelecida, permanente e independente, aplicável a todos os Estados que a reconhecem" (PIOVESAN, 2006, p. 47).

A complementaridade se caracteriza pela competência residual da Corte, ou seja, ela apenas irá atuar se o Estado se mantiver silente e inerte ou se mostrar incapaz de julgar seus criminosos. Ao contrário dos tribunais *ad hoc*, o TPI tem competência subsidiária em relação às jurisdições de seus Estados-partes.

À guisa de exemplificação, a jurisdição do Tribunal Penal Internacional para a antiga Iugoslávia é:

> Simultânea com a jurisdição nacional para processar as pessoas acusadas de cometer sérias violações a lei humanitária internacional, cometidas no território da antiga Iugoslávia desde 1º de janeiro de 1991 (art. 9º). Mas a jurisdição do Tribunal Internacional terá primazia sobre os tribunais nacionais. Em qualquer fase do procedimento, o Tribunal Internacional pode pedir formalmente aos tribunais nacionais que respeitem sua competência (art. 9º, § 2º)" (SOUB, 2006, p. 139).

No caso do TPI, o próprio Preâmbulo do Estatuto de Roma determina que "(...) é dever de cada Estado exercer a respectiva jurisdição penal sobre os responsáveis por crimes internacionais". Portanto, o Tribunal Penal Internacional só vai atuar se o Estado não o fizer, seja por inércia, seja por incapacidade, que pode ser decorrente de "demora injustificada no processamento" (art. 17, § 2º, *b*), e/ou ausência de condução independente ou imparcial (art. 17, § 2º, *c*).

É de se notar que o princípio da complementaridade, vigente no Tribunal Penal Internacional, respeita o conceito de soberania estatal, pois não estabelece primazia sobre a jurisdição nacional dos Estados, nem concorrência, mas, sem promover a impunidade, determina uma atuação complementar, na forma do Preâmbulo e arts. 1º, 17, 18 e 19 do Estatuto de Roma.

A Corte também não vai atuar se a pessoa tiver sido julgada anteriormente pela mesma conduta, sendo condenada ou absolvida, em consagração do princípio *ne bis in idem*, salvo se o objetivo do julgamento original tenha sido subtrair o acusado da competência do TPI ou não tenha sido conduzido de forma independente, imparcial ou de maneira incompatível com a intenção de submeter a pessoa à ação da justiça, na forma do art. 20, § 3°, alíneas *a* e *b*, do Estatuto de Roma.

Além disso, também é objeto de consideração o princípio da irretroatividade penal, sem o qual não existiria segurança e liberdade na sociedade internacional.

Em respeito a tal princípio, foi estabelecida a competência do Tribunal no seu aspecto temporal, tendo sido restringida a sua atuação apenas aos crimes cometidos após a data da sua instituição, ou seja, 1° de julho de 2002.

Se um Estado se tornar membro depois da data mencionada, a corte "só poderá exercer a sua competência em relação aos crimes cometidos depois da entrada em vigor do Estatuto nesse Estado" (MAZZUOLI, 2005a, p. 48).

É de se mencionar que a jurisdição do Tribunal Penal Internacional não é estrangeira, mas internacional, podendo atingir qualquer indivíduo de todo Estado que seja integrante da Organização das Nações Unidas.

Um Estado exerce jurisdição em seu próprio território. Assim, em relação a outro, sua jurisdição é considerada estrangeira. Já uma corte internacional exerce, como regra, sua jurisdição sobre os Estados que manifestaram seu consentimento em relação a ela. Desse modo, sua jurisdição é considerada internacional.

Como regra, o Tribunal Penal Internacional só vai julgar indivíduos de Estados que tenham ratificado o Estatuto de Roma.

Porém, existem duas possibilidades para o julgamento de cidadãos de países que não tenham ratificado o Estatuto de Roma.

Inicialmente, o Conselho de Segurança pode tomar medidas para a instauração de tribunais *ad hoc*, como ocorreu com a criação do Tribunal Penal Internacional para a antiga Iugoslávia (1993) e com o surgimento do Tribunal Penal Internacional para Ruanda (1994). Por outro lado, pode também o Conselho remeter os casos para o Tribunal Penal Internacional, sendo irrelevante a participação, ou não, desses países na corte. China, Estados Unidos, Rússia e quaisquer outros Estados podem ter seus cidadãos julgados pelo Tribunal Penal Internacional a partir do instante em que a Organização das Nações Unidas remeter o caso para a corte internacional.

A segunda possibilidade ocorre:

> Se o indivíduo cometer crimes previstos no Estatuto em território de um Estado-parte, ou de um Estado não parte, o qual tenha admitido a jurisdição *ad hoc* por acordo especial, ou mesmo se for pego em território dos Estados signatários, poderá vir a ser julgado pelo Tribunal Penal (LIMA; BRINA, 2006, p. 10).

11.3 A presença do Estatuto de Roma (1998) no Brasil

O Brasil teve uma atuação intensa na Conferência de Roma ocorrida entre 15 de junho e 17 de julho de 1998 e foi um dos 120 votos a favor do Estatuto de Roma.

No entanto, o Brasil só assinou o tratado em 7 de fevereiro de 2000, tendo sido depositado o instrumento de ratificação em 20 de junho de 2002. O então Presidente da República, Fernando Henrique Cardoso, promulgou o Estatuto de Roma por força do Decreto n° 4.388, de 25 de setembro de 2002.

Houve a indicação da magistrada federal, atuante na área de direitos humanos, Sylvia Helena de Figueiredo Steiner, então com 50 anos, do Tribunal Regional Federal da 3ª Região, para atuar como juíza do Tribunal Penal Internacional. Ela acabou sendo escolhida em 4 de fevereiro de 2003 para um período de nove anos.

Além disso, é importante salientar que a Emenda Constitucional nº 45 inseriu o § 4º no art. 5º da Constituição Federal brasileira, que prevê a submissão do Brasil "à jurisdição de Tribunal Penal Internacional a cuja criação tenha manifestado adesão".

Lembrando que o Estatuto de Roma não permite reservas, é necessário analisar alguns de seus dispositivos em contraposição à Constituição Federal brasileira, pois subsistem algumas dúvidas acerca da compatibilidade entre os diplomas.

11.3.1 Entrega de nacionais ao Tribunal Penal Internacional

O art. 89, § 1º, do Estatuto de Roma prevê a hipótese de detenção e entrega de pessoa ao Tribunal Penal Internacional.

Por outro lado, o art. 5º da Constituição Federal brasileira, nos seus incisos LI e LII, proíbe a extradição passiva de brasileiro nato, possibilitando a do naturalizado, em casos específicos, e do estrangeiro:

> Art. 5º (...) LI – nenhum brasileiro será extraditado, salvo o naturalizado, em caso de crime comum, praticado antes da naturalização, ou de comprovado envolvimento em tráfico ilícito de entorpecentes e drogas afins, na forma da lei; LII – não será concedida extradição de estrangeiro por crime político ou de opinião.

"A extradição é um processo de natureza constitutiva que forma o título pelo qual o Presidente da República está legitimado, mas não obrigado a entregar o requisitado ao país requisitante" (CHIMENTI, 2005, p. 317) para que lá responda a processo penal ou cumpra pena.

Extradição passiva, objeto da presente análise, é aquela que se requer ao Brasil a entrega de refugiado, acusado ou criminoso, por parte dos Estados soberanos. Há também a extradição ativa, que é a requerida pelo Brasil a outros Estados soberanos.

Para que a extradição tenha legitimidade, é fundamental a existência de um tratado ou ao menos um compromisso de reciprocidade entre o Brasil e o Estado requisitante.

O ato da entrega, mencionado pelo Estatuto de Roma, é diferente da extradição, pois aquele se procede entre Tribunal Internacional e Estado soberano.

Observe-se que a extradição se regula pelas leis internas e que o pedido se procede entre Estados, de forma horizontal, sendo que cada um se reserva ao exercício da sua jurisdição nos seus respectivos territórios.

> No que se refere à sua finalidade, a vedação da extradição de nacionais costuma ser estabelecida basicamente por duas razões: a primeira – para evitar o risco do julgamento de um nacional pela justiça de um outro Estado sem a imparcialidade e as garantias penais e processuais adequadas, o que não é o caso das normas previstas no Estatuto; a segunda – para impedir que o nacional seja processado e julgado com base em uma legislação construída sem a sua participação (NOVELINO, 2009, p. 387).

Assim, enquanto na extradição o indivíduo será julgado pelo tribunal de outro Estado, do qual o Brasil não participou da formação; na entrega, a pessoa será julgada pelo Tribunal Penal Internacional, que contou com a participação brasileira na sua construção jurídica.

Entrega é, como se pode verificar, diferente de extradição, conforme aduz o art. 102 do Estatuto de Roma:

Para os fins do presente Estatuto: a) Por "entrega" entende-se a entrega de uma pessoa por um Estado ao Tribunal nos termos do presente Estatuto; b) Por "extradição", entende-se a entrega de uma pessoa por um Estado a outro Estado conforme previsto em um tratado, em uma convenção ou no direito interno.

"O outro aspecto que evidencia a diferença entre os dois institutos é a possibilidade de a execução penal ocorrer no próprio Estado que fizer a entrega, caso haja acordo entre este e o TPI, hipótese impensável em se tratando de extradição" (NOVELINO, 2009, p. 387).

"Portanto, a entrega de nacionais do Estado ao Tribunal Penal Internacional, estabelecida pelo Estatuto de Roma, não fere o direito individual da não extradição de nacionais" (MAZZUOLI, 2005a, p. 69).

11.3.2 Pena de prisão perpétua

O art. 77, § 1°, *b*, do Estatuto de Roma prevê a hipótese excepcional de prisão perpétua, "se o elevado grau de ilicitude do fato e as condições pessoais do condenado o justificarem".

Por outro lado, o art. 5° da Constituição Federal brasileira, no seu inciso XLVII, *b*, veda expressamente a pena de prisão perpétua.

Inicialmente, é de se ressaltar que o Estatuto de Roma não cominou um preceito secundário para cada um dos tipos penais previstos. Na Conferência Diplomática houve grande divergência para o estabelecimento das penas, motivo pelo qual elas foram determinadas de forma geral, expurgando-se a pena de morte (o que, aliás, já foi uma característica dos Tribunais para a antiga Iugoslávia e para Ruanda), mas permitindo a pena privativa de liberdade de caráter perpétuo.

Estatuto de Roma (Tribunal Penal Internacional)   81

"Uma minoria significativa de delegações, particularmente das Américas do Sul e Central, como também da Europa Meridional, objetou quanto à inclusão da prisão perpétua argumentando com sua respectiva Constituição interna" (KREB, 2000, p. 128).

"Dentre os que advogam pela inconstitucionalidade da referida pena no Estatuto do Tribunal Penal Internacional, está a proposição de o Estado não poder delegar à jurisdição internacional, por meio de tratado, poderes que não possui" (LIMA; BRINA, 2006, p. 169). No entanto, no que se refere ao Brasil, não há de se falar em conflito, porque a proibição insculpida no dispositivo da Constituição Federal brasileira dirige-se exclusivamente ao direito interno, não podendo atingir outra jurisdição, seja ela estrangeira ou internacional.

Ademais, é de bom alvitre lembrar que a pena de prisão perpétua cominada no caso concreto pelo Tribunal Penal Internacional será objeto de revisão após 25 anos do seu cumprimento e, se mantida, voltará a ser examinada posteriormente, em periodicidade prevista nas regras de procedimento e prova.

Assim sendo, é de se concluir que "a previsão estatutária é tida como excepcional, pois só pode ser aplicada em circunstâncias determinadas, além de apontar a cláusula mandatória de revisão da pena" (LIMA; BRINA, 2006, p. 170).

Há também posicionamento no sentido de que se a Constituição Federal brasileira admite, em caso de guerra declarada, a pena de morte, que é mais grave que a perpétua, esta seria plenamente admissível nos casos de crimes contra a humanidade, genocídio, crimes de guerra e crimes de agressão, pois quem pode o mais, pode o menos.[1]

[1.]   Posicionamento exposto por João Marcello de Araújo Júnior no "Segundo Encontro de Direito Penal e Processo Penal da Universidade do Grande Rio". Cf. Japiassú, 2005, p. 220.

82 Direitos Humanos

11.3.3 Homologação de sentença pelo Superior Tribunal de Justiça

Em virtude da Emenda Constitucional n° 45, de 8 de dezembro de 2004, o art. 105, I, *i*, da Constituição Federal brasileira estabelece que é da competência do Superior Tribunal de Justiça a homologação de sentenças estrangeiras.

Sentença estrangeira é aquela proveniente de outro Estado, que exerce jurisdição apenas no seu próprio território.

A homologação de sentença estrangeira visa estender a eficácia da decisão proferida no território onde é realizado tal procedimento, para que os interessados não tenham que iniciar nova ação judicial.

Ocorre que sentença estrangeira é diferente de sentença internacional. A sua natureza jurídica é diversa. Enquanto aquela é prolatada no âmbito dos Estados, esta o é na dimensão dos tribunais internacionais.

Conforme preleciona o Procurador da República André de Carvalho Ramos (2000, p. 282-283),

> sendo o Tribunal Penal Internacional uma organização internacional com personalidade jurídica de direito internacional, sua decisão tem a natureza jurídica de decisão de uma organização internacional. A decisão de uma organização internacional não encontra identidade em uma sentença judicial oriunda de um Estado estrangeiro.

É de se lembrar que um tribunal internacional exerce jurisdição sobre um Estado, conforme seu consentimento manifestado no instrumento de sua criação. Assim sendo, é de se concluir, nesse aspecto, que o Superior Tribunal de Justiça não tem competência para a homologação de sentenças internacionais, seja do Tribunal Penal Internacional, da Corte Internacional de Justiça ou de qualquer outro tribunal internacional.

11.3.4 Imunidades, foro por prerrogativa de função

O art. 27 do Estatuto de Roma estabelece que ele será aplicado a todas as pessoas de maneira igual, sem quaisquer distinções baseadas em sua função oficial, o que significa dizer que ela não afastará o indivíduo da responsabilidade penal e tampouco será razão para diminuição da sua pena.

As imunidades ou normas especiais de procedimento vinculadas à função oficial da pessoa, fundamentadas em seu direito interno, não impedirão a ação do Tribunal Penal Internacional.

A Constituição Federal brasileira prevê imunidades e foro por prerrogativa de função, que se dirigem à ordem interna e não internacional.

Se o Brasil desejar manter tais prerrogativas, deve julgar o caso, pois em face do princípio da complementaridade, nessa hipótese, o Tribunal Penal Internacional não atuará.

11.3.5 Imprescritibilidade de crimes

O art. 29 do Estatuto de Roma aduz que os delitos sob a jurisdição do Tribunal Penal Internacional são imprescritíveis.

A Carta de Outubro nacional estabelece a imprescritibilidade para a prática de racismo (art. 5°, XLII) e para a ação de grupos armados, civis ou militares, contra a ordem constitucional e o Estado democrático (art. 5°, XLIV). Já na seara infraconstitucional, sob uma análise criminal, o Código Penal brasileiro transmite regras para que se opere a prescrição.

> A prescrição, instituto historicamente consagrado no direito pátrio é uma garantia individual decorrente da segurança exigida pelo sistema jurídico nacional, impedindo

que o Estado ou a vítima promova a persecução criminal quando bem entenderem (NOVELINO, 2009, p. 389).

A ausência de previsão da imprescritibilidade do genocídio, dos crimes de guerra, de lesa-humanidade e de agressão no direito interno não impede a sua providência por tratado internacional, mesmo porque o rol da Constituição Federal não é taxativo, podendo ser ampliado.

É de se lembrar também que os direitos e garantias fundamentais expressos na Constituição Federal "não excluem outros decorrentes do regime e dos princípios por ela adotados, ou dos tratados internacionais em que a República Federativa do Brasil seja parte", na forma do art. 5° da CF.

Ademais, mesmo se houver prescrição no direito interno, o Tribunal Penal Internacional deverá julgar os crimes, pois um Estado não pode invocar as disposições de sua legislação para justificar o descumprimento de uma regra internacional, na forma do art. 27 da Convenção de Viena sobre o Direito dos Tratados (1969).

Deve-se lembrar que o Tribunal Penal Internacional não investigará e/ou julgará delitos ocorridos antes da entrada em vigor do Estatuto de Roma. Mas se os crimes foram cometidos após 1° de julho de 2002, serão objeto de análise pela corte, "independentemente do número de anos decorridos entre a perpetração do crime e a acusação judicial" (FERNANDES, 2006, p. 319).

12

Convenção Americana de Direitos Humanos ("Pacto de San José da Costa Rica")

12.1 Precedentes históricos

A Convenção Americana de Direitos Humanos, também conhecida como Pacto de San José da Costa Rica, foi adotada e aberta à assinatura na Conferência Especializada Interamericana sobre Direitos Humanos, em San José da Costa Rica, em 22 de novembro de 1969. No entanto, só entrou em vigor em 18 de julho de 1978, após a 11ª ratificação, na forma do seu art. 74, que foi realizada pelo Peru.

12.2 Estrutura e objetivos

O diploma possui 82 artigos e prevê direitos civis e políticos, integridade pessoal, proibição de escravidão, liberdade pessoal, legalidade e retroatividade, proteção da honra, liberdade de consciência, religião, pensamento, expressão, reunião, associação, além de estabelecer a Comissão Interamericana e a Corte Interamericana de Direitos Humanos, que possui competência consultiva e contenciosa.

A Comissão representa todos os membros da Organização dos Estados Americanos e é composta de sete integrantes, eleitos para um mandato de quatro anos pela sua Assembleia Geral.

É atribuição da Comissão examinar as comunicações, encaminhadas por indivíduos ou entidades não governamentais, que contenham denúncia de violação a direito consagrado pela Convenção Americana, por Estado que dela seja parte.

É importante destacar que o Estado-parte deve reconhecer a competência da Comissão para esse exame, bem como a da Corte para interpretar e aplicar a Convenção.

Para a apresentação à Comissão Interamericana de Direitos Humanos de petição individual contendo denúncias ou queixas de violação da Convenção Americana de Direitos Humanos por um Estado-parte, devem-se cumprir pressupostos processuais e de admissibilidade.

Observe-se que a parte peticionária pode ser qualquer pessoa ou grupo de pessoas ou entidade não governamental legalmente reconhecida em um ou mais Estados-membros da Organização dos Estados Americanos.

É imprescindível que se comprovem a interposição e o exaurimento prévio de todos os recursos de jurisdição interna, exceto se não se houver permitido ao presumido prejudicado em seus direitos o acesso a eles, ou houver sido impedido de esgotá-los e também se existir uma demora injustificada na decisão sobre os mencionados recursos.

Já em relação à Corte, mencione-se que somente Estados-partes e a Comissão Interamericana podem submeter um caso a ela. Desse modo, os indivíduos não possuem capacidade de recorrer à Corte, por ausência de fundamento convencional.

O Pacto de São José da Costa Rica consagra o duplo grau de jurisdição ao garantir o direito de recorrer de sentença a juiz ou tribunal.

Não se pode restabelecer a pena de morte nos Estados que a tenham abolido, nem aplicá-la por delitos políticos nos Estados que a admitam.

A lei pode submeter os espetáculos à censura prévia com o objetivo exclusivo de regular o acesso a eles, para proteção moral da infância e da adolescência.

As leis dos Estados-partes podem ampliar o gozo ou o exercício de qualquer direito ou liberdade previstos na Convenção, para além do que ela prevê.

O Pacto de São José da Costa Rica restringe a prisão civil por dívidas ao devedor de alimentos e proíbe todo tipo de trabalho forçado ou obrigatório, exceto ao presidiário.

12.3 A presença da Convenção Americana de Direitos Humanos (1969) no Brasil

O Pacto de San José da Costa Rica foi aprovada pelo Brasil pelo Decreto Legislativo n° 27, em 25 de setembro de 1992, e promulgado pelo Decreto n° 678, de 6 de novembro de 1992.

As normas internas poderão ampliar os direitos da Convenção, mas não restringi-los. Nesse aspecto, muito se discutiu no Brasil sobre a prisão do depositário infiel, pois sua previsão no art. 5°, inciso LXVII, da CF contraria o disposto no Pacto.

Reza o dispositivo constitucional: "Não haverá prisão civil por dívida, salvo a do responsável pelo inadimplemento voluntário e inescusável de obrigação alimentícia **e a do depositário infiel**" (grifo nosso).

Já se discutia, desde a sua gênese, acerca da incoerência da previsão em face de sua dissonância perante o princípio da dignidade da pessoa humana, insculpido no art. 1°, inciso III, da Carta de Outubro.

No que é pertinente ao Pacto, há agressão frontal ao mandamento do art. 7°, § 7°, que possui a seguinte redação: "Ninguém deve ser detido por dívidas. Este princípio não limita os mandados de autoridade judiciária competente expedidos em virtude de inadimplemento de obrigação alimentar".

Para tornar a situação ainda mais complexa, em 11 de abril de 1994 foi criada a Lei n° 8.866, que, no seu art. 4°, § 2°, regulamenta a prisão do depositário infiel.

Se já não bastasse, em relação ao tema, o art. 652 do Código Civil estabelece que: "Seja o depósito voluntário ou necessário, o depositário que não o restituir quando exigido será compelido a fazê-lo **mediante prisão** não excedente a um ano, e ressarcir os prejuízos" (grifo nosso).

Para resolver a questão, o STF finalmente se pronunciou sobre o assunto.

Prima facie, o Ministro Celso de Melo, no HC 87.585/TO, afirmou valor constitucional ao Pacto de San José da Costa Rica, bem como aos tratados de direitos humanos.

Em seguida, em 3 de dezembro de 2008, o pleno da Corte Suprema, em votação no RE 466.343/SP, por 9 x 0, declarou a vedação da prisão do depositário infiel naquele caso concreto (criando um precedente, portanto), bem como a supralegalidade dos tratados de direitos humanos que, não obstante pertençam ao ordenamento jurídico brasileiro, não tenham seguido o disposto no art. 5°, § 3°, da CF (porque, quando o segue, sabe-se de seu valor de emenda constitucional).

Tais decisões influenciaram a criação da Súmula Vinculante n° 25, em 16 de dezembro de 2009, que preleciona: "É ilícita a prisão civil de depositário infiel, qualquer que seja a modalidade do depósito".

13

Convenção Interamericana para Prevenir e Punir a Tortura

13.1 Precedentes históricos

A Convenção Interamericana para Prevenir e Punir a Tortura foi adotada e aberta à assinatura no XV Período Ordinário de Sessões da Assembleia Geral da Organização dos Estados Americanos, em Cartagena das Índias, na Colômbia, em 9 de dezembro de 1985.

Aproximadamente um ano antes, em 10 de dezembro de 1984, foi adotada pela Organização das Nações Unidas, mediante a Resolução n° 39/1946, a Convenção contra a Tortura e Outros Tratamentos ou Penas Cruéis, Desumanos ou Degradantes, e o diploma interamericano segue seus preceitos a fim de aplicá-los na esfera regional.

13.2 Estrutura e objetivos

O diploma é composto de 24 artigos, que buscam tornar efetivas as regras contidas nos instrumentos universais para prevenir e punir a tortura.

Para isso, prevê, em seu art. 2°, que tortura é:

Todo ato pelo qual são infligidos intencionalmente a uma pessoa penas ou sofrimentos físicos ou mentais, com fins de investigação criminal, como meio de intimidação, como castigo pessoal, como medida preventiva, como pena ou qualquer outro fim. **Entender-se-á também como tortura a aplicação, sobre uma pessoa, de métodos tendentes a anular a personalidade da vítima,** ou a diminuir sua capacidade física ou mental, embora não causem dor física ou angústia psíquica. Não estarão compreendidas no conceito de tortura as penas ou sofrimentos físicos ou mentais que sejam unicamente consequência de medidas legais ou inerentes a elas, contanto que não incluam a realização dos atos ou a aplicação dos métodos a que se refere este artigo (grifo nosso).

A grande novidade é o emprego de "métodos tendentes a anular a personalidade da vítima" como característica da tortura.

13.3 A presença da Convenção Interamericana para Prevenir e Punir a Tortura (1985) no Brasil

A Convenção Interamericana para Prevenir e Punir a Tortura (1985) foi ratificada pelo Brasil em 20 de julho de 1989.

14

Convenção Interamericana para Prevenir, Punir e Erradicar a Violência contra a Mulher ("Convenção de Belém do Pará")

14.1 Precedentes históricos

A Convenção Interamericana para Prevenir, Punir e Erradicar a Violência contra a Mulher (Convenção de Belém do Pará) foi ratificada por 32 Estados e foi adotada pela Assembleia Geral da Organização dos Estados Americanos em 6 de junho de 1994, entrando em vigor em 5 de março de 1995.

14.2 Estrutura e objetivos

Como um progresso, o tratado internacional estabelece a faculdade a qualquer pessoa, grupo de pessoas ou entidade não

94 Direitos Humanos

governamental legalmente reconhecida de remeter petições e denúncias contra os Estados-partes à Comissão Interamericana de Direitos Humanos.

Estabelece que violência contra a mulher é qualquer ação ou conduta, baseada no gênero, que cause morte, dano ou sofrimento físico, sexual ou psicológico à mulher, tanto no âmbito público como no privado.

Determina os direitos protegidos, tais como o respeito à sua integridade física, psíquica e moral e à segurança pessoal. Indica os deveres dos Estados, tanto de caráter preventivo quanto repressivo para a sua proteção, bem como os mecanismos interamericanos de amparo e defesa.

14.3 A presença da Convenção Interamericana para Prevenir, Punir e Erradicar a Violência contra a Mulher (1994) no Brasil[1]

A Convenção Interamericana para Prevenir, Punir e Erradicar a Violência contra a Mulher (Convenção de Belém do Pará) foi ratificada pelo Brasil em 27 de novembro de 1995 e promulgada pelo Decreto n° 1.973, de 1° de agosto de 1996.

A aplicabilidade da Convenção tem especial registro no Brasil em razão do "Caso Maria da Penha".

Maria da Penha Maia Fernandes é farmacêutica bioquímica residente em Fortaleza, no Ceará. Ela foi repetidamente seviciada por seu marido, até ser vítima de uma tentativa de homicídio durante o repouso noturno, com um disparo de arma de fogo, em 29 de maio de 1983, que a deixou paraplégica. Retornando ao lar, foi novamente vítima de seu marido, que tentou ceifar sua vida mediante descarga elétrica enquanto tomava banho.

---

[1]. Por tudo: Knippel e Nogueira (2010, p. 136).

Buscando o Poder Judiciário, o Ministério Público denunciou seu marido em 28 de setembro de 1984. No entanto, apenas em 4 de maio de 1991 ele foi condenado a oito anos de prisão.

Anulado o julgamento sob a alegação de má formulação dos quesitos aos jurados, ele foi novamente julgado em 15 de março de 1996. Condenado a dez anos e seis meses, recorreu em liberdade. Dezenove anos e seis meses depois da tentativa de homicídio, seu marido foi preso e cumpriu somente dois anos de prisão.

O Centro pela Justiça e o Direito Internacional (CEJIL), o Comitê Latino-americano e do Caribe para a Defesa dos Direitos da Mulher (CLADEM) e Maria da Penha apresentaram, em agosto de 1998, o caso à Comissão Interamericana de Direitos Humanos, com fundamento na Convenção Interamericana para Prevenir, Punir e Erradicar a Violência contra a Mulher.

A Comissão requereu notícias ao Brasil para o caso 12051, que não as forneceu. Em 16 de abril de 2001, editou o Informe nº 54/2001, condenando o Estado brasileiro por negligência e omissão em relação à violência doméstica.

Em cumprimento à decisão da Comissão, foi criada no ordenamento jurídico brasileiro a Lei nº 11.340/2006, assim como foi ordenado o pagamento da indenização de R$ 60.000,00 à vítima.

15

Convenção Interamericana para Eliminação de Todas as Formas de Discriminação contra as Pessoas Portadoras de Deficiência

15.1 Precedentes históricos

A Convenção Interamericana para Eliminação de Todas as Formas de Discriminação contra as Pessoas Portadoras de Deficiência foi aprovada pelo Conselho Permanente sobre o projeto em 26 de maio de 1999 e assinada em 7 de junho de 1999, na Cidade da Guatemala, na Guatemala, no 29° período ordinário de sessões da Assembleia Geral da Organização dos Estados Americanos.

15.2 Estrutura e objetivos

O diploma possui 14 artigos, que visam propiciar a plena integração à sociedade das pessoas portadoras de deficiência e reafirmam que elas têm os mesmos direitos humanos e liberdades fundamentais que outras pessoas e que esses direitos emanam da dignidade e da igualdade que são imanentes a todo ser humano.

Estabelece que "deficiência" significa uma restrição física, mental ou sensorial, de natureza permanente ou transitória, que limita a capacidade de exercer uma ou mais atividades essenciais da vida diária, causada ou agravada pelo ambiente econômico e social.

Discriminação significa toda diferenciação, exclusão ou restrição baseada em deficiência, antecedente de deficiência, consequência de deficiência anterior ou percepção de deficiência presente ou passada, que tenha o efeito ou propósito de impedir ou anular o reconhecimento, o gozo ou o exercício por parte das pessoas portadoras de deficiência de seus direitos humanos e suas liberdades fundamentais.

A Convenção possibilita o implemento de ações afirmativas para promover a integração de pessoas com deficiência, que não constituirão discriminação desde que os indivíduos não sejam obrigados a aceitar a diferenciação ou a preferência.

O diploma determina que os Estados-partes empreguem medidas que confiram acessibilidade, tratamento, reabilitação, educação, formação e prestação de serviços para garantir o melhor nível de independência e qualidade de vida para as pessoas com deficiência.

Estabelece um compromisso dos integrantes do tratado em cooperar para o desenvolvimento de pesquisas científicas e tecnológicas, bem como proporcionar a participação de representantes de organizações de pessoas com deficiência na elaboração, na execução e na avaliação de medidas políticas para a aplicação da Convenção.

O tratado ainda cria a Comissão para a Eliminação de Todas as Formas de Discriminação contra as Pessoas Portadoras de Deficiência, constituída por um representante designado por cada Estado-parte para o acompanhamento dos compromissos assumidos pelos pactuantes, examinando os progressos registrados na aplicação da Convenção.

15.3 A presença da Convenção Interamericana para Eliminação de Todas as Formas de Discriminação contra as Pessoas Portadoras de Deficiência (1999) no Brasil

A Convenção Interamericana para Eliminação de Todas as Formas de Discriminação contra as Pessoas Portadoras de Deficiência foi promulgada pelo Brasil em 8 de outubro de 2001, pelo Decreto n° 3.956.

16

Procedimento de incorporação dos Tratados Internacionais de Direitos Humanos ao ordenamento jurídico brasileiro

16.1 Ratificação – conceito

A ratificação é um ato administrativo unilateral em que o Estado, pessoa jurídica de direito internacional público, convalida a assinatura previamente consignada no tratado e consente, de forma cabal, os encargos internacionais acordados.

A ratificação de um tratado há de ser, necessariamente, expressa, não se podendo falar na hipótese no caso de silêncio, pois não se admite ratificação tácita.

16.2 Necessidade de ratificação dos tratados internacionais

A ratificação é necessária para evitar erro, dolo, coação ou qualquer outro vício na celebração do tratado e também

102   Direitos Humanos

porque é essencial a participação de mais um poder fiscalizando o texto.

Observando-se a classificação dos tratados segundo o procedimento, é perceptível a existência de ratificação apenas na modalidade *stricto sensu*, que possui duas fases internacionalmente distintas.

No "acordo executivo", não se pode falar da hipótese em apreço, pois é cediço que a simples assinatura do representante do Estado já concede validade e vigência tanto no plano interno quanto na dimensão internacional.

16.3 Competência para a ratificação dos tratados internacionais

No Brasil, cabe ao Congresso Nacional aprovar o tratado e ao Presidente da República ratificá-lo, na forma dos arts. 49, I, e 84, VIII, ambos da Constituição Federal.

"A vinculação do Brasil a tratado internacional é decisão que depende, portanto, do concurso de dois Poderes: o Executivo e o Legislativo" (DALLARI, 2003, p. 89).

16.4 Procedimento de incorporação de Tratados Internacionais de Direitos Humanos ao ordenamento jurídico brasileiro

Resumidamente, é possível analisar as principais fases do procedimento.

De início, o Presidente da República, após a assinatura do tratado por ele ou por qualquer dos representantes legitimados, envia ao Congresso Nacional uma cópia do instrumento, em versão oficial, acompanhada de uma mensagem, requerendo sua aprovação.

A seguir, o Congresso Nacional recebe. É certo que: "Tanto a Câmara quanto o Senado possuem comissões especializadas *ratione materiae*, cujos estudos e pareceres precedem a votação em plenário" (REZEK, 2005, p. 65).

A Câmara dos Deputados, então, vota. Aprovando, há seguimento para o Senado. Caso contrário, não se dá continuidade e não haverá ratificação, comunicando-se o fato ao Presidente da República.

Assim, é correto afirmar que o Congresso Nacional apenas resolve definitivamente sobre um tratado internacional quando o rejeita.

Uma vez aprovado pela Câmara dos Deputados, o Senado, igualmente, analisará e colocará em votação. Se aprovado, compete ao Presidente do Senado Federal, na qualidade de Presidente do Congresso Nacional, promulgar decreto legislativo.[1]

"O decreto legislativo, portanto, contém aprovação do Congresso Nacional ao tratado e simultaneamente a autorização para que o Presidente da República ratifique-o em nome da República Federativa do Brasil" (MORAES, 2005, p. 616).

No caso de recusa, não se concede prosseguimento, não havendo a edição de decreto legislativo, e não existirá ratificação, transmitindo-se a informação ao Presidente da República.

Assim, é correto afirmar que o Congresso Nacional apenas resolve definitivamente sobre um tratado internacional quando o rejeita.

Destaque-se que o quórum para aprovação dependerá da hierarquia que se concede ao tratado no direito interno: se possui *status* de Lei Ordinária (decisão do Supremo Tribunal Federal,

---

[1.] Art. 48, n° 28, do Regimento Interno do Senado Federal.

104   Direitos Humanos

em 1977, no julgamento do Recurso Extraordinário nº 80.004), considerar-se-á aprovado por maioria simples; se possui *status* de emenda constitucional (como é o caso dos tratados que versam sobre direitos humanos), a aprovação será considerada se obtiver, em cada Casa do Congresso Nacional, em dois turnos, três quintos dos votos dos respectivos membros, na medida do art. 5º, § 3º, e do art. 60, § 2º, da Constituição Federal.

O Presidente da República, então, mediante a edição de decreto presidencial, promulga o tratado, publicando seu texto no *Diário Oficial da União*.

É nesse instante que a norma inserida no ordenamento jurídico brasileiro adquire executoriedade interna. Assim sendo, é nesse momento que se considera o tratado incorporado ao direito brasileiro.

É de bom alvitre salientar que o decreto legislativo não obriga o Presidente da República a ratificar, já que esta é uma conduta conexa ao seu poder discricionário. Imagina-se que, se o Poder Executivo remeteu o texto do tratado para o Congresso Nacional, é porque tinha a intenção de ratificá-lo.

Todavia, poderá ele não fazê-lo, seja porque o tratado não mais serve aos interesses nacionais, seja porque já houve a execução integral do seu objeto, ou por qualquer outro motivo.

16.5 Características da ratificação

A ratificação é o ato que possui, portanto, as características da discricionariedade, da unilateralidade e da irretratabilidade.

Discricionariedade porque é praticado de acordo com critérios de conveniência e oportunidade da Administração

Pública, pois o Poder Executivo tem a faculdade de ratificar, ou não, um tratado internacional. A assinatura consignada quando do término das negociações significa somente a manifestação do consentimento em relação ao corpo textual, não se configurando numa obrigatoriedade de ratificação.

Unilateralidade porque é ato de competência do Estado-parte, que não se submete à imposição de nenhum sujeito internacional.

Irretratabilidade porque, após a ratificação, não é possível o seu desfazimento. A anulação do ato não se coaduna com a realidade, pois é destituída de sentido, exceto se o tratado dispor de maneira diversa, hipótese difícil de se configurar no caso concreto.

16.6 Homologação para validade

É indiscutível que o tratado internacional NÃO precisa de homologação pelo Superior Tribunal de Justiça ou mesmo pelo Supremo Tribunal Federal para ter validade e vigência em nosso território.

17

Posição hierárquica dos Tratados Internacionais de Direitos Humanos no ordenamento jurídico brasileiro

17.1 A primazia da Constituição Federal no ordenamento jurídico brasileiro

No Brasil, a Constituição Federal é não só a lei fundamental, como também suprema do Estado. A sua natureza é normativa e, assim sendo, nas palavras de Paulo Hamilton Siqueira Junior, "é uma norma jurídica e sua essência é organizacional, fundamental e fundante" (2006, p. 12).

Desse modo, a Carta de Outubro reina absoluta no nosso ordenamento, devendo ter preferência sobre qualquer disposição convencional.

Em primeiro lugar, é de se destacar que, como regra, o tratado só será considerado como norma a ser seguida no

108 Direitos Humanos

sistema brasileiro se foi aceito e inserto no ordenamento pelas vias próprias e seguindo o procedimento adequado.

17.2 A problemática dos tratados internacionais no ordenamento jurídico brasileiro

Na condição de validade e vigência no território nacional, "a norma advinda do tratado ou convenção internacional, uma vez internalizada, ocupa posição hierárquica de lei ordinária" (RIZZATTO NUNES, 2002, p. 85).

Os tratados internacionais:

> Ingressam no ordenamento interno com o caráter de norma infraconstitucional, guardando estrita relação de paridade normativa com as leis ordinárias editadas pelo Estado brasileiro (*RTJ* 83/809 e *Inf.* 73/STF – *DJ*, 30.05.1997), podendo, por conseguinte, ser revogados (*ab-rogação* ou *derrogação*) por norma posterior e ser questionada a sua constitucionalidade perante os tribunais, de forma concentrada ou difusa (LENZA, 2009, p. 196).

Ademais, o Supremo Tribunal Federal analisou a questão da hierarquia dos tratados no direito interno, em 1977, no julgamento do Recurso Extraordinário nº 80.004, e concluiu pelo seu *status* de legislação ordinária (PIOVESAN, 2006, p. 61).

Em 2001, o Supremo Tribunal Federal reiterou sua posição e, portanto, estão submetidos à Constituição Federal. A decisão foi dada durante o julgamento da Ação Direta de Inconstitucionalidade (ADIn) nº 1.480, que contestava a adoção da Convenção 158 da Organização Internacional do Trabalho, que protege o trabalhador contra demissões arbitrárias.

"A grande maioria dos votos está fundamentada em autores antigos e dualistas, como é o caso de Carl Heinrich Triepel" (MELLO, 2004, p. 131), que, em 1899, estabeleceu sua doutrina. A conclusão é demasiadamente absurda, pois viola de maneira categórica o disposto no art. 27 da Convenção de Viena sobre o Direito dos Tratados (1969), que dispõe acerca da supremacia do Direito Internacional sobre o direito interno.

Ademais, um problema maior pode ser verificado: se o tratado internacional possui a mesma hierarquia de lei ordinária, isso significa que, sob o aspecto temporal, tratado internacional posterior pode revogar lei ordinária interna anterior. No entanto, o inverso também é verdadeiro: lei ordinária interna posterior poderá fazer com que um tratado internacional anterior venha a perder sua eficácia no plano interno.

Há doutrina moderna aduzindo que os tratados estão localizados hierarquicamente logo abaixo da Constituição Federal, como uma espécie *sui generis*. No entanto, cuida-se de posição minoritária que, infelizmente, não prevalece.

Foi um grande equívoco do Supremo Tribunal Federal equiparar o tratado à lei ordinária, pois ele é resultado de um compromisso nas relações exteriores, enquanto ela é uma consequência de deliberação ocorrida no direito interno.

17.3 Posicionamento hierárquico dos Tratados Internacionais de Direitos Humanos no ordenamento jurídico brasileiro

O mesmo não se aplica aos tratados de direitos humanos, em face do disposto no § 3° (acrescido pela Emenda Constitucional n° 45, de dezembro de 2004) do art. 5° da Constituição Federal, que expressamente estatui: "Os tratados e convenções internacionais sobre direitos humanos que forem

110   Direitos Humanos

aprovados, em cada Casa do Congresso Nacional, em dois turnos, por três quintos dos votos dos respectivos membros, serão equivalentes às emendas constitucionais".

Nesse aspecto, pode-se recordar do Decreto Legislativo nº 186, de 9 de julho de 2008, que, com força de emenda constitucional, aprovou o texto da Convenção sobre os Direitos das Pessoas com Deficiência e de seu Protocolo Facultativo, assinados em Nova Iorque, em 30 de março de 2007.

Desse modo, é possível verificar que "a Constituição de 1988 é explicitamente receptiva ao direito internacional público em matéria de direitos humanos, o que configura uma identidade de objetivos do direito internacional e do direito público interno, quanto à proteção da pessoa humana" (LAFER, 2005, p. 82).

Uma vez aprovado pelo quórum qualificado exigido pelo dispositivo *retro* e também pelo art. 60, § 2º, da Constituição Federal, o tratado "terá *status* de emenda e, portanto, será considerado hierarquicamente superior à lei ordinária" (AMARAL, 2006, p. 59).

Sendo assim, os Tratados Internacionais de Direitos Humanos não poderão perder a eficácia por lei ordinária posterior no ordenamento jurídico brasileiro. E, na verdade, nem mesmo por outra emenda constitucional, pois compõem direitos e garantias fundamentais, em conformidade com o art. 5º, § 2º, da Carta de Outubro.

Ora, se os direitos e as garantias fundamentais são cláusulas pétreas no corpo da Constituição Federal, conforme estatui seu art. 60, § 4º, também o são quando estão fora dele.

Assim também ocorre com os tratados sobre direitos humanos que não foram aprovados com o quórum qualificado, ou que são anteriores a dezembro de 2004 (data da edição da Emenda Constitucional nº 45).

> O Supremo Tribunal Federal, por 5 x 4, em 03.12.2008, no julgamento do Recurso Extraordinário nº 466.343, decidiu que os tratados e convenções internacionais sobre direitos humanos, se não incorporados na forma do art. 5º, § 3º (quando teriam natureza de norma constitucional), têm natureza de normas supralegais, paralisando, assim, a eficácia de todo o ordenamento infraconstitucional em sentido contrário (LENZA, 2009, p. 198).

E ainda é importante ressaltar:

> Dessa forma, como diversos documentos internacionais de que o Brasil é signatário não mais admitem a prisão do depositário infiel (como, por exemplo, o art. 7º, 7, do *Pacto de São José da Costa Rica*, o art. 11, do *Pacto Internacional sobre Direitos Civis e Políticos*, a *Declaração Americana dos Direitos da Pessoa Humana*), a única modalidade de prisão civil a prevalecer na realidade brasileira é a do devedor de alimentos (LENZA, 2009, p. 198).

Nunca é demais também lembrar que, na hipótese de conflito entre uma norma do direito interno e um dispositivo enunciado em tratado internacional de proteção dos direitos humanos, merece prevalecer a regra mais benéfica à vítima, considerando que os tratados de direitos humanos constituem um parâmetro protetivo mínimo.

17.4 Bloco de constitucionalidade

Em apertada síntese, todos os tratados de direitos humanos, independentemente do quórum ou da época de sua aprovação, pertencem ao "bloco de constitucionalidade", sendo considerados como cláusulas pétreas.

> Vale dizer, com o advento do § 3º do art. 5º surgem duas categorias de tratados internacionais de proteção de direitos humanos: a) os materialmente constitucionais; e b) os material e formalmente constitucionais. (...) todos os tratados internacionais de direitos humanos são materialmente constitucionais, por força do § 2º do art. 5º. Para além de serem materialmente constitucionais, poderão, a partir do § 3º do mesmo dispositivo, acrescer a qualidade de formalmente constitucionais, equiparando-se às emendas à Constituição, no âmbito formal (PIOVESAN, 2006, p. 74).

Os tratados sobre direitos humanos apenas materialmente constitucionais poderão ser objeto de denúncia (mas somente em razão de nova regra mais benéfica ao ser humano, em respeito ao princípio da proibição do regresso, também chamado vedação do retrocesso), o que não poderá ocorrer naqueles que são, ao mesmo tempo, material e formalmente constitucionais.

18

Nacionalidade: noções gerais e regras do Direito brasileiro

18.1 Nacionalidade dos seres humanos

18.1.1 A nacionalidade dos seres humanos e a existência de um Estado

Para que se possa falar em nacionalidade, é essencial a presença de um Estado.

O Estado capaz de promover tratados deve ter elementos mínimos para a sua existência, três deles objetivos, que são fundamentais, e um subjetivo, que não é essencial, por não ser propriamente constitutivo.

18.1.1.1 Elementos objetivos

a) **Território**: é o elemento objetivo espacial, físico. Deve haver uma base territorial, ou seja, um campo abrangido

114 Direitos Humanos

por delimitação de determinada área geográfica da superfície terrestre, "em que se fixa uma jurisdição, ou se estabelece uma unidade administrativa" (SILVA, 1998, p. 809) no qual o Estado desempenha, de forma contínua, a sua soberania;

b) **Governo soberano**: é o elemento objetivo político. Assim sendo, caracteriza-se como tal uma estrutura política com estabilidade, que conserva a ordem no plano interno e representa o Estado nas relações exteriores;

c) **Povo**: é o elemento objetivo pessoal, humano. São pessoas que vivem no Estado de forma permanente, ligadas a ele pelo vínculo jurídico da nacionalidade.

Não é possível confundir povo com nação, que é a coacervação de pessoas por idênticas tradições e costumes, aliadas por laços históricos, culturais, econômicos e, geralmente, unidas pelo mesmo idioma.

Não se deve misturar também ao conceito de população, que é demográfico, e determina o conjunto de pessoas que habitam uma base territorial, sem distinção entre nacionais e estrangeiros.

18.1.1.2 Elemento subjetivo

Recognição plena de sua existência: o reconhecimento pleno da existência de um Estado pelos seus pares e demais sujeitos de direito internacional público não é um elemento essencial, mas apenas complementar para a sua configuração. O melhor exemplo é verificado no caso de Taiwan, que, apesar de não ser aceito como Estado por muitos, afigura-se como tal nas relações extrínsecas ao seu direito interno.

18.1.2 Conceito de nacionalidade dos seres humanos

A nacionalidade dos seres humanos é a qualidade que caracteriza o intrínseco liame jurídico-político, que conecta uma pessoa a um Estado, habilitando-a a reivindicar sua proteção mediante o pleno exercício de seus direitos e o cumprimento de todos os deveres que lhe forem determinados.

Por meio dessa qualidade, estabelecem-se princípios jurídicos que devem ser empregados quando as pessoas forem agentes de atos relevantes para o direito, bem como suas consequências.

Do conceito anteriormente descrito,

> podem ser extraídas duas dimensões da nacionalidade: a) uma vertical, que liga o indivíduo ao Estado a que pertence (dimensão jurídico-política); e b) uma horizontal, que faz desse indivíduo um dos elementos que compõem a dimensão pessoal do Estado, integrando-o ao elemento povo (dimensão sociológica) (MAZZUOLI, 2006, p. 555).

Não se deve confundir nacionalidade com cidadania.

> Entre nós a distinção é clara e praticamente aceita por todos os autores, no sentido de que a nacionalidade é o vínculo jurídico que une, liga, vincula o indivíduo ao Estado e a cidadania representa um conteúdo adicional, de caráter político, que faculta à pessoa certos direitos políticos, como o de votar e ser eleito.

> A cidadania pressupõe a nacionalidade, ou seja, para ser titular dos direitos políticos, há de se ser nacional, enquanto que o nacional pode perder ou ter seus direitos

116 Direitos Humanos

políticos suspensos (art. 15, CF), deixando de ser cidadão (DOLINGER, 2005, p. 157).

A capacidade política é um pressuposto da cidadania.

18.1.3 Critérios de atribuição de nacionalidade dos seres humanos

Inicialmente, é importante esclarecer que se utiliza aqui, diferentemente de parte da doutrina, a expressão "atribuição", e não "aquisição" de nacionalidade. Isso porque se considera que uma pessoa não "adquire" uma nacionalidade, mas que ela é "atribuída" pelo Estado. Observe-se que não basta o ato unilateral de um indivíduo para que ele possa ser considerado nacional de um Estado. É necessário que, uma vez preenchidos os requisitos internos, o Estado atribua a nacionalidade à pessoa.

Tendo essa informação preliminar, deve-se saber que existem diferentes instantes e diversas maneiras para a adequada atribuição de determinada nacionalidade.

Faz-se uma distinção entre nacionalidade originária ou primária, atribuída no instante do nascimento, e a nacionalidade derivada ou secundária, atribuída em outro momento posterior.

A nacionalidade originária ou primária se demonstra mediante dois critérios incidentes no instante do nascimento do ser humano: *ius soli* e *ius sanguinis*. Já a derivada ou secundária observa o *ius domicilii*, o *ius laboris* e o *ius communicatio*.

As formas de atribuição de nacionalidade variam entre os Estados, mas em qualquer deles, não depende da vontade do indivíduo a atribuição da nacionalidade primária, que decorre da ligação do fato natural do nascimento com um critério estabelecido pelo Estado. Já a atribuição da nacionalidade secundária depende da manifestação volitiva da pessoa (SILVA, 2006, p. 320).

18.1.3.1 Ius solis

Mediante este critério de origem territorial, a nacionalidade originária se estabelece pelo lugar do nascimento, independentemente da nacionalidade dos pais.

É adotado no Brasil e nos demais Estados americanos, bem como no continente africano, pois cuidam-se de países de imigração, que consideraram plenamente adequado incluir os descendentes dos imigrantes à nova nacionalidade, com o fim de evitar o crescimento de comunidades alenígenas que se perpetuariam se fosse perfilhado o critério do *ius sanguinis*.

18.1.3.2 Ius sanguinis

Trata-se de um critério de filiação, pois a nacionalidade originária é atribuída de acordo com a nacionalidade dos pais, independentemente do local de nascimento.

É adotado sobretudo no continente europeu, pois cuidam-se de países de emigração, que consideraram plenamente adequada a atribuição aos descendentes dos seus nacionais, com o fim de evitar a redução de sua população, pois a saída para outros países não importará em diminuição dos integrantes da nacionalidade.

Não importa o fato de os pais terem alterado posteriormente a nacionalidade, pois o critério se fundamenta na nacionalidade que tinham os progenitores à época do nascimento do filho.

118 Direitos Humanos

18.1.3.3 Ius domicilii

Trata-se de um critério de domicílio, pois a nacionalidade derivada é atribuída a uma pessoa observando-se o local onde ela se considera estabelecida, com ânimo definitivo, para os efeitos legais.

Para a atribuição da nacionalidade com a aplicação deste critério, o Estado pode, como ordinariamente faz, estatuir certo lapso temporal de domicílio em seu território, ou seja, estabelecer tempo determinado.

No ordenamento jurídico brasileiro, por exemplo, o art. 12, inciso II, alínea *b*, da Constituição Federal aduz acerca da atribuição de nacionalidade aos estrangeiros que estabelecerem domicílio no Brasil por mais de 15 anos ininterruptos e sem condenação penal, desde que a requeiram. A mesma regra aparece na alínea *a* aos originários de países de língua portuguesa, porém o lapso temporal é de apenas um ano.

No Brasil, portanto, a nacionalidade derivada é atribuída mediante processo voluntário de naturalização. Além dos requisitos retromencionados, o certificado de naturalização, como regra geral, apenas será entregue ao naturalizado que em audiência na Justiça Federal provar conhecer a língua portuguesa, renunciar expressamente à nacionalidade anterior e assumir o compromisso de bem cumprir os deveres de brasileiro.

18.1.3.4 Ius laboris

Pelo *ius laboris*, há atribuição da nacionalidade em face da prestação de serviço por uma pessoa em favor do Estado.

Nacionalidade: noções gerais e regras do Direito brasileiro **119**

Trata-se de um componente que oferece condições para auxiliar a obtenção da naturalização.

18.1.3.5 Ius communicatio

Cuida-se da atribuição de nacionalidade pelo casamento. Cada Estado estabelece suas regras sobre o assunto, bem como sobre a possibilidade da outorga da nacionalidade sob este critério.

Salienta-se que nunca se deve estender a nacionalidade de um cônjuge a outro contra a sua vontade.

A anuência daquele a quem é atribuída a nacionalidade é essencial para a configuração de respeito do Estado aos direitos humanos na seara das relações exteriores, pois, caso contrário, estar-se-ia a violar um aspecto volitivo do indivíduo, o que acabaria por macular um direito que lhe é personalíssimo.

18.2 Condição jurídica do estrangeiro

Os povos antigos discriminavam as pessoas que não pertenciam ao seu território.

Estrangeiro é o vocábulo derivado do latim *extraneus*, de *extra*, que significa *de fora*.

Assim, aqueles considerados **de fora** de determinado território tinham não apenas tratamento diferenciado, mas eram efetivamente considerados como elementos de um grupo à parte da sociedade.

O estrangeiro, também chamado adventício, era aquela pessoa que, nascida em outro Estado, simplesmente permanecia em território alienígena, mantendo sua primitiva nacionalidade.

No entanto, de acordo com seus próprios interesses, os Estados foram modificando suas legislações para conceder aos estrangeiros a possibilidade de participação nas suas sociedades.

Nas Américas, o desenvolvimento jurídico do tema foi substancial. Tendo recebido pessoas de praticamente todos os demais continentes, sua receptividade ao estrangeiro foi salutar. Houve a determinação de uma igualdade de direitos entre nacionais de um Estado e estrangeiro, no que se refere a liberdade e a segurança individual.

Na Europa, por outro lado, a evolução legislativa foi muito mais lenta, observando-se a presença de algumas regras discriminatórias inclusive nos dias atuais.

A imigração tem importância universal e é matéria de competência interna dos Estados. Desse modo, nenhum Estado pode ser obrigado a admitir estrangeiros em seu território. Contudo, hodiernamente, não há vedação de cunho pleno para a alteração de domicílio e transferência de um indivíduo de um território para outro.

Todavia, é salutar lembrar que existem regras para a aceitação de estrangeiros em outros locais, de acordo com as condições determinadas por cada Estado. É uma característica de sua soberania o poder de estabelecer normas para a manifestação do consentimento no ingresso de pessoas de nacionalidades diversas.

No Brasil, é permitida a entrada, a permanência e até o domicílio do adventício em território nacional. Entrementes, são estabelecidas determinadas condições.

18.2.1 Condição jurídica do estrangeiro no Brasil

Historicamente, o Brasil sempre foi receptivo à admissão de estrangeiros em seu território. Em alguns momentos, a restrição foi menor, em outros, maior, mas jamais houve uma proibição absoluta do ingresso do adventício.

Em 1808, Dom João VI decretou a abertura dos portos, com um consequente estímulo à imigração.

A Constituição brasileira de 1824 estabeleceu a liberdade de trânsito em território nacional, sem nenhuma restrição ao estrangeiro. A de 1891 foi ainda mais longe, permitindo o ingresso e a saída de qualquer pessoa, independentemente de passaporte, o que foi retificado pela Emenda Constitucional de 1926.

Já a Carta Magna de 1934 estabeleceu limites percentuais, denominados cotas, para o ingresso de adventícios no Brasil, que foram mantidos também na Constituição de 1937.

Em 1946, a Constituição pátria restabeleceu a regra de liberdade de ingresso, sendo a norma repetida na Carta de 1967 e na Emenda Constitucional n° 1, de 1969.

A Carta de Outubro de 1988 tem idêntico preceito, determinando que eventuais restrições serão estabelecidas pela União, que tem a competência para legislar sobre o assunto.

18.3 Refugiados

Refugiado é aquela pessoa que, em face de fundados temores motivados por perseguição racial, religiosa, política ou criminal no território de seu Estado de origem, procura asilo ou refúgio em outro com a finalidade de nunca ser molestado.

A perseguição também pode ocorrer porque o nacional se vinculou a determinado grupo social ou ideológico.

Como regra, as pessoas podem depositar sua confiança nos governos de seus Estados para a garantia e a proteção dos direitos humanos. No que é pertinente aos refugiados, no entanto, o Estado de origem não tem capacidade suficiente para cumprir suas atribuições.

Assim, o refugiado se encontra nessa condição não por sua própria vontade, mas pela ausência do Estado em proporcionar um conjunto de medidas na defesa e asseguração da manutenção da integridade de seus direitos fundamentais.

No Brasil, a condição do refugiado é regulada pela Lei nº 9.474/1997, que estabelece expressamente que não desfrutarão dessa qualidade aqueles que tenham cometido crime contra a paz, crime de guerra, crime contra a humanidade, crime hediondo, participado de atos terroristas ou de tráfico de drogas.

Ao refugiado é possível a concessão de asilo político.

> Essa forma de admissão do estrangeiro pode ser exercida de duas maneiras: (I) asilo diplomático: proteção conferida ao estrangeiro nas embaixadas, nos navios ou acampamentos militares, nas aeronaves governamentais etc.; (II) asilo territorial: perfaz-se no próprio território do Estado que concede a proteção (AMARAL, 2006, p. 145).

Porém, ressalta-se que nem todo refugiado é asilado político.

18.3.1 Asilo político

A Constituição Federal brasileira prevê a hipótese de concessão de asilo político como um dos princípios que regem as relações exteriores do Brasil, no art. 4º, inciso X.

O asilo político é caracterizado pela recepção de estrangeiro em território nacional, a seu requerimento, sem a exigência das condições regulares para a sua entrada, para impedir a aplicação de sanção ou perseguição no seu Estado de origem em face da sua prática de crime de caráter político ou de natureza ideológica.

É uma prerrogativa do Estado que concede o asilo político "a classificação da natureza do delito e dos motivos da perseguição. É razoável que assim seja, porque a tendência do Estado do asilado é a de negar a natureza política do delito imputado e dos motivos da perseguição, para considerá-lo comum" (SILVA, 2006, p. 340).

Verifica-se que todo Estado tem o direito de conceder asilo, porém nunca se encontra compelido a conferi-lo, nem mesmo a anunciar os motivos pelos quais se recusa a oferecê-lo.

O asilado que desejar sair do Brasil e nele reingressar sem renúncia à sua condição deverá obter autorização prévia do Ministro da Justiça.

É possível verificar:

> Que na conexão do direito de asilo como expressão dos direitos humanos se nota uma tendência do Estado a apresentar-se como meio para realizar as finalidades do homem, ao passo que o instituto do asilo, no direito internacional, apresentar-se-á como instrumento para garantia dos direitos essenciais do homem (WACHOWICZ, 2006, p. 286-287).

124   Direitos Humanos

18.4 Saída compulsória de estrangeiros

18.4.1 Por iniciativa alienígena

18.4.1.1 Extradição

a) Conceito

Extradição é a entrega de refugiado, acusado, criminoso ao governo estrangeiro que o exige em seu próprio Estado para o julgamento de um delito ou cumprimento de uma pena.

> O instituto da extradição é talvez a forma mais avançada e eficiente de combate ao crime no plano internacional. Ele evita a impunidade daqueles que atravessam a fronteira estatal. Trata-se de um instituto de construção lenta e ainda não acabada (MELLO, 2004, p. 195).

A extradição poderá ser ativa ou passiva. É considerada ativa quando observada pelo prisma de quem elabora o requerimento de extradição. E será passiva quando vista pelo ângulo de quem recebe o pedido de extradição.

b) Extradição e Tribunal Penal Internacional

O art. 89, § 1º, do Estatuto de Roma prevê a hipótese de detenção e entrega de pessoa ao Tribunal Penal Internacional.

Por outro lado, o art. 5º da Constituição Federal brasileira, nos seus incisos LI e LII, proíbe a extradição passiva de brasileiro nato, possibilitando a do naturalizado, em casos específicos, e do estrangeiro.

"A extradição é um processo de natureza constitutiva que forma o título pelo qual o Presidente da República está legitimado, mas não obrigado a entregar o requisitado ao país requisitante" (CHIMENTI, 2005, p. 317), para que lá responda a processo penal ou cumpra pena.

Extradição passiva, objeto da presente análise, é aquela que se requer ao Brasil a entrega de refugiado, acusado ou criminoso, por parte dos Estados soberanos. Há também a extradição ativa, que é a requerida pelo Brasil a outros Estados soberanos.

O ato da entrega, mencionado pelo Estatuto de Roma é diferente da extradição, pois aquele se procede entre Tribunal Internacional e Estado soberano.

Observe-se que a extradição se regula pelas leis internas e que o pedido se procede entre Estados, de forma horizontal, sendo que cada um se reserva ao exercício da sua jurisdição nos seus respectivos territórios.

Ademais, enquanto na extradição o indivíduo será julgado pelo tribunal de outro Estado, do qual o Brasil não participou da formação; na entrega, a pessoa será julgada pelo Tribunal Penal Internacional, que contou com a participação brasileira na sua construção jurídica.

Entrega é, como se pode verificar, diferente de extradição, conforme aduz o art. 102 do Estatuto de Roma:

> Para os fins do presente Estatuto: a) Por "entrega" entende-se a entrega de uma pessoa por um Estado ao Tribunal nos termos do presente Estatuto; b) Por "extradição", entende-se a entrega de uma pessoa por um Estado a outro Estado conforme previsto em um tratado, em uma convenção ou no direito interno.

126   Direitos Humanos

"Portanto, a entrega de nacionais do Estado ao Tribunal Penal Internacional, estabelecida pelo Estatuto de Roma, não fere o direito individual da não extradição de nacionais" (MAZZUOLI, 2005a, p. 69).

18.4.2 Por iniciativa do próprio Estado

18.4.2.1 Expulsão

A expulsão é uma forma coativa de se remover um estrangeiro do território nacional, em face da prática de um crime, uma infração ou de atos que o tornem inconveniente aos interesses sociais, com a finalidade de defesa e conservação da ordem interna e/ou das relações internacionais.

Além do mais, também é passível de expulsão o estrangeiro que, de qualquer forma, atentar contra a segurança nacional, a ordem política ou social, a tranquilidade ou moralidade pública e a economia popular.

No Brasil, não se procederá à expulsão quando a medida configurar extradição inadmitida pela legislação brasileira, ou ainda quando o expulsando:

a) tiver filho brasileiro que esteja sob sua guarda ou dependência econômica ou socioafetiva ou tiver pessoa brasileira sob sua tutela;

b) tiver cônjuge ou companheiro residente no Brasil, sem discriminação alguma, reconhecido judicial ou legalmente;

c) tiver ingressado no Brasil até os 12 (doze) anos de idade, residindo desde então no País;

d) for pessoa com mais de 70 (setenta) anos que resida no País há mais de 10 (dez) anos, considerados a gravidade e o fundamento da expulsão.

A expulsão não é uma sanção, mas uma medida de caráter administrativo, utilizada para a proteção do Estado, como manifestação de sua soberania, visando à sua proteção.

Assim sendo, não cabe ao Poder Judiciário examinar a conveniência e a oportunidade de ato do Poder Executivo consistente na expulsão de estrangeiro, cuja permanência no país é indesejável e inconveniente à ordem e à segurança públicas.

Uma vez expulso, o estrangeiro poderá retornar ao território nacional após o período de duração do impedimento de reingresso.

18.4.2.2 Deportação

A deportação é uma forma de devolver o estrangeiro ao exterior, por iniciativa das autoridades locais, mediante sua saída compulsória para o país de origem ou outro que consinta recebê-lo, quando ele entrar ou permanecer irregularmente em solo nacional e não se retirar voluntariamente, não decorrendo da prática de crime em qualquer território.

Nos casos de entrada ou estada irregular, o estrangeiro, notificado pelo Departamento de Polícia Federal, deverá retirar-se do território nacional nos prazos fixados.

Descumpridos os prazos fixados, o Departamento de Polícia Federal promoverá a imediata deportação do estrangeiro.

"A Constituição de 1988 estabeleceu no art. 109, X, a competência dos juízes federais para processar e julgar os crimes de ingresso ou permanência irregular de estrangeiro" (DOLINGER, 2005, p. 251).

A deportação consiste na saída compulsória do estrangeiro, sendo admitida na forma da lei, e não será promovida nos casos em que implique extradição inadmitida pela lei brasileira. Deve-se distinguir a deportação do impedimento.

Com o impedimento, o estrangeiro nem entrará no território nacional nas hipóteses em que existir passaporte irregular, inválido ou sem o visto necessário, sendo ele devidamente impossibilitado de ultrapassar a barreira policial da fronteira.

Tanto no caso do impedimento quanto na hipótese da deportação, uma vez regularizada sua situação, o estrangeiro poderá, se desejar, retornar ao território nacional.

18.5 Nacionalidade das coisas

> Todo o substrato social e histórico do instituto da nacionalidade tende a apontar, de modo inequívoco, apenas o ser humano como seu titular. É por extensão que se usa falar em nacionalidade das pessoas jurídicas, e até mesmo em nacionalidade das coisas (REZEK, 2005, p. 180).

Na prática, todavia, a expressão é utilizada sem distinção para pessoas ou coisas. "A atribuição da nacionalidade a bens é uma competência do Estado onde se localizam esses bens, conforme critérios próprios" (VARELLA, 2009, p. 157).

A nacionalidade dos navios, por exemplo, advém da imprescindibilidade de regulamentação do fluxo internacional de mercadorias e de responsabilização dos seus proprietários por eventuais danos ao meio ambiente, às pessoas e aos Estados. O art. 91 da Convenção das Nações Unidas sobre o Direito do Mar, celebrada em Montego Bay, na Jamaica, em 10 de dezembro de 1982, tendo sido ratificada pelo Brasil

Nacionalidade: noções gerais e regras do Direito brasileiro   129

em 22 de dezembro de 1988 e promulgada pelo Decreto nº 1.530/1995, estabelece que a nacionalidade do navio é aquela de cuja bandeira esteja autorizado a arvorar.

Já a nacionalidade das aeronaves civis é determinada pela Convenção sobre Aviação Civil Internacional, celebrada em Chicago, nos Estados Unidos, em 7 de dezembro de 1944, tendo sido ratificada pelo Brasil em 26 de março de 1946 e promulgada pelo Decreto nº 21.713. Os arts. 17 e 18 estabelecem que elas terão a nacionalidade do Estado em que estejam registradas e que nenhuma aeronave poderá registrar-se legalmente em mais de um Estado.

Com a fantástica viagem dos astronautas estadunidenses Edwin Eugene Aldrin Junior, Neil Alden Armstrong e Michael Collins à Lua com a nave Apollo 11 e desembarque dos dois primeiros no satélite natural da Terra em 10 de julho de 1969, houve a necessidade de se estabelecer a nacionalidade dos objetos espaciais, o que se fez com a Convenção sobre a Matrícula de Objetos Lançados no Espaço Extra-Atmosférico, de 14 de janeiro de 1975. O art. 2º, § 1º, estatui a atribuição da nacionalidade pelo Estado que realizou o lançamento, obrigando-o a inscrevê-lo num registro adequado e informar o Secretário-Geral da Organização das Nações Unidas da criação desse registro.

18.6 Decorrências constitucionais da nacionalidade dos seres humanos e das pessoas jurídicas

As decorrências constitucionais da nacionalidade dos seres humanos são evidentes, já que a Carta Magna brasileira expressamente menciona os critérios de atribuição, a condição jurídica do estrangeiro no Brasil, a concessão de asilo político, dentre outros assuntos.

Daí analisar-se que "a regra de que todos os homens são iguais perante a lei não significa que todos tenham direitos iguais, ou direito às mesmas coisas, mas que todos os direitos da mesma espécie são iguais entre pessoas diversas" (CASTRO, 2005, p. 280). À guisa de exemplificação, a própria Constituição Federal, no seu art. 12, § 2°, estabelece tratamento diferenciado entre brasileiros natos e naturalizados.[1]

Já no que se refere às pessoas jurídicas, as decorrências constitucionais não são tão evidentes, observado que a Carta de Outubro nada menciona expressamente sobre sua nacionalidade, deixando tal responsabilidade à legislação infraconstitucional.

No âmbito do direito internacional, um Estado pode utilizar um dos critérios para outorgar a nacionalidade às pessoas jurídicas: o local da sede principal dos negócios, a nacionalidade dos acionistas controladores da pessoa jurídica, um sistema misto, unindo os dois critérios anteriores, e também o lugar da constituição da pessoa jurídica.

No Brasil, conforme o art. 11 da Lei de Introdução às Normas do Direito Brasileiro,[2] o critério utilizado é o do lugar da constituição da pessoa jurídica.

> O critério da lei do lugar da constituição é o mais adequado por ser o local onde a pessoa jurídica se formou, obedecendo às formalidades legais que lhe dão existência. A pessoa jurídica submeter-se-á à lei do Estado em que se constituir, que irá determinar as condições de sua existência ou do reconhecimento de sua personalidade jurídica" (DINIZ, 2005, p. 334-335).

---

[1]. Art. 12, § 2°, CF: "A lei não poderá estabelecer distinção entre brasileiros natos e naturalizados, **salvo nos casos previstos nesta Constituição**" (grifo nosso).

[2]. Art. 11, LINDB: "As organizações destinadas a fins de interesse coletivo, como as sociedades e as fundações, obedecem à lei do Estado em que se constituírem".

19

Tutela constitucional dos direitos humanos

19.1 A presença dos direitos humanos na Constituição Federal brasileira

O texto constitucional brasileiro privilegia a temática dos direitos humanos, o que pode ser verificado pela nova topografia constitucional, apresentando já nos primeiros capítulos avançado sistema de direitos e garantias.

A Carta de Outubro é a primeira constituição pátria a integrar, na declaração de direitos, os direitos sociais e a elencar o princípio da prevalência dos direitos humanos como preceito fundamental a reger o Brasil nas relações exteriores.

Além disso, é importante destacar que ela institui o princípio da aplicabilidade imediata das normas que traduzem direitos e garantias fundamentais, valendo dizer que cabe aos poderes públicos conferir eficácia máxima e imediata a todo e qualquer preceito definidor de direito e garantia fundamental.

O direito constitucional brasileiro reconhece os direitos fundamentais previstos em tratados internacionais, mesmo que não reproduzam direito já assegurado na Carta Magna.

132   Direitos Humanos

19.2 Sistema de proteção dos direitos humanos no Brasil

O sistema de proteção internacional dos direitos humanos, consequência do processo de abertura democrática, que tem seu marco jurídico na Constituição Federal de 1988, é adicional e subsidiário, somente podendo ser invocado se o Estado brasileiro se mostrar omisso ou falho na tarefa de proteção dos direitos fundamentais.

19.2.1 O regime ordinário dos direitos fundamentais

Quanto ao regime ordinário dos direitos fundamentais, o Brasil adota o sistema repressivo, que, não obstante a denominação, é o mais munificente, pois opera para sancionar doestos.

Desse modo, sujeitam-se ao sistema repressivo, dentre outros, a liberdade de associação (art. 5°, inciso XVII, CF), a liberdade de locomoção no território nacional (art. 5°, inciso XV, CF) e a expressão da atividade intelectual, artística, científica e de comunicação (art. 5°, inciso IX, CF).

19.2.2 O regime extraordinário dos direitos fundamentais

Constituem-se em restrições excepcionais, pois são casos em que a Constituição Federal reconhece a possibilidade de limitação ou supressão temporária de direitos e garantias fundamentais.

Apresentam-se no ordenamento jurídico brasileiro como estado de defesa e estado de sítio.

19.2.2.1 Estado de defesa

Opera-se para enfrentar ameaças à ordem pública ou à paz social em virtude de grave e iminente instabilidade institucional ou por calamidades de grandes proporções na natureza.

No caso de sua decretação, haverá restrições aos direitos de:

> Reunião, ainda que exercida no seio das associações; sigilo de correspondência; sigilo de comunicação telegráfica e telefônica; ocupação e uso temporário de bens e serviços públicos, na hipótese de calamidade pública, respondendo a União pelos danos e custos decorrentes.[1]

Instaurar-se-á por decreto presidencial, com delimitado prazo de duração, especificação das áreas abrangidas, bem como a indicação das medidas coercitivas.

O estado de defesa – cuja denominação é objurgada em virtude de não se nomear Estado de Emergência somente para impedir conexão com regimes ditatoriais – é determinado pelo Presidente da República, ouvidos o Conselho da República e o Conselho de Defesa Nacional (cujos pareceres não detêm caráter vinculativo), que deverá submeter o decreto, em 24 horas, com a respectiva justificação, à apreciação do Congresso Nacional, que decidirá por maioria absoluta dentro de dez dias do seu recebimento.

Sendo medida temporária, vigerá por até 30 dias, sendo permitida uma dilação por idêntico período.

19.2.2.2 Estado de sítio

Opera-se em caso de comoção grave de repercussão nacional ou ocorrência de fatos que comprovem a ineficácia de medida tomada durante o estado de defesa e também na hipótese de declaração de estado de guerra ou resposta a agressão armada estrangeira.

[1.] Art. 136, incisos I e II, CF.

134 Direitos Humanos

No caso de sua decretação, haverá restrições aos direitos previstos no art. 5°, incisos XI, XII, XVI, XXV, LXI, e também no art. 220 da CF.

Instaurar-se-á por decreto presidencial, com delimitado prazo de duração, as normas necessárias à sua execução e as garantias constitucionais que ficarão suspensas. Depois de publicado, o Presidente da República designará o executor das medidas específicas e as áreas abrangidas.

O estado de sítio é decretado pelo Presidente da República, ouvidos o Conselho da República e o Conselho de Defesa Nacional (cujos pareceres não detêm caráter vinculativo), depois de prévia e expressa autorização do Congresso Nacional, que decidirá por maioria absoluta.

Sendo medida temporária, vigerá por até 30 dias, sendo permitidas dilações sucessivas, com autorização do Congresso, enquanto perdurar a situação de anormalidade. Porém, cada posposição não pode ser superior a 30 dias.

No caso de guerra, ou resposta a agressão armada estrangeira, poderá ser decretado por todo o tempo que perdurar a guerra ou a agressão armada estrangeira.

19.3 Remédios constitucionais

São garantias que têm por propósito a realização do amparo, da proteção e da defesa dos direitos fundamentais.

A Carta de Outubro de 1988 estabelece os seguintes remédios constitucionais: *habeas corpus*, mandado de segurança, mandado de segurança coletivo, mandado de injunção, *habeas data* e ação popular.

19.3.1 *Habeas corpus*

Habeas corpus, cuja expressão completa é *habeas corpus ad subjiciendum*, significa, etimologicamente, em latim, "que tenhas o teu corpo", é garantia constitucional em favor de quem sofre violência ou ameaça de constrangimento ilegal na sua liberdade de locomoção, por parte de autoridade legítima, em caso de ilegalidade ou abuso de poder.

Previsto hodiernamente no art. 5°, inciso LXVIII, da CF, normalmente, é impetrado em face do poder público, mas nada impede, conforme a doutrina e a jurisprudência, que seja empregado contra particular, como no caso de nosocômio que não permita a saída de paciente que já tenha recebido alta médica.

19.3.2 Mandado de segurança

Mandado de segurança é garantia constitucional em favor de quem possui direito líquido e certo, não amparado por *habeas corpus* ou *habeas data*, que é negado ou ameaçado por autoridade pública ou agentes particulares no exercício de atribuições do poder público.

Previsto hodiernamente no art. 5°, inciso LXIX, da CF, o mandado de segurança pode ser impetrado por quem for legitimado. É uma composição genuinamente nacional, cuja primeira aparição se procedeu na Constituição Federal de 1934.

19.3.3 Mandado de segurança coletivo

Mandado de segurança coletivo é garantia constitucional em favor de interesses transindividuais, sejam individuais homogêneos ou coletivos, com direito líquido e certo, não

136   Direitos Humanos

amparado por *habeas corpus* ou *habeas data*, que é negado ou ameaçado por autoridade pública ou agentes particulares no exercício de atribuições do poder público.

Previsto hodiernamente no art. 5°, inciso LXX, da CF, o mandado de segurança coletivo pode ser impetrado por partido político com representação no Congresso Nacional e por organização sindical, entidade de classe ou associação legalmente constituída e em funcionamento há pelo menos um ano, em defesa dos interesses de seus membros ou associados. É uma criação da Constituição Federal de 1988.

Note-se que pode existir a dispensa do prazo de um ano para a entidade de classe ou associação legalmente constituída, em razão do direito a ser protegido (art. 82, § 1°, Lei n° 8.078/1990).

19.3.4 Mandado de injunção

O mandado de injunção é garantia constitucional empregada em um caso concreto, individual ou coletivo, com a finalidade de o Poder Judiciário dar conhecimento ao Poder Legislativo sobre a omissão de norma regulamentadora que torne impraticável o exercício de direitos e garantias constitucionais e das prerrogativas imanentes à nacionalidade, à soberania e à cidadania. Poderá ser ajuizado por qualquer pessoa.

Previsto hodiernamente no art. 5°, inciso LXXI, da CF, o mandado de injunção tem aplicação análoga à Ação Direta de Inconstitucionalidade por Omissão, distinguindo-se dela por ser empregado em um caso concreto.

No tocante aos seus efeitos, o STF possui o seguinte posicionamento (MORAES, 2005, p. 158 e ss.):

a) Posição concretista geral: mediante normatividade geral, o STF legisla no caso concreto, produzindo a decisão efeitos *erga omnes* até que se suceda norma integrativa pelo Poder Legislativo;

b) Posição concretista individual direta: a decisão, aplicando o direito, terá valor jurídico apenas para o autor do mandado de injunção;

c) Posição concretista individual intermediária: julgando procedente o mandado de injunção, o Poder Judiciário estabelece ao Poder Legislativo espaço de tempo fixo e determinado para criar a norma regulamentadora. Com o termo, se permanecer a inércia do Poder Legislativo, o autor tem assegurado o seu direito;

d) Posição não concretista: o STF não pode obrigar o Poder Legislativo a legislar, então aponta a mora e recomenda que a supra.

A posição não concretista predominou no STF por muito tempo. No entanto, nessa hipótese, a providência jurisdicional revelava-se completamente inócua.

A posição concretista individual intermediária é aquela que melhor se coaduna com o princípio da separação dos poderes, e o STF já a adotou em casos recentes.

19.3.5 *Habeas data*

Habeas data é garantia constitucional em favor de quem possui informações relativas à sua pessoa, constantes de registros ou bancos de dados de entidades governamentais ou de caráter público, e delas não tem conhecimento, ou lhe é vedado o acesso, e ainda para a retificação de dados próprios, quando não se prefira fazê-lo por processo sigiloso, judicial ou administrativo.

Previsto hodiernamente no art. 5°, inciso LXXII, da CF, o *habeas data* pode ser impetrado por quem for legitimado. É uma inovação da Constituição Federal de 1988.

O direito de se obter informações dos órgãos públicos é previsto no art. 5°, inciso XXXIII, da CF. No entanto, se houver recusa no fornecimento de informações sobre terceiros, o remédio adequado é o mandado de segurança.

19.3.6 Ação popular

Ação popular é garantia constitucional em favor de quem deseje questionar judicialmente a validade dos atos que considera lesivos ao patrimônio público, à moralidade administrativa, ao meio ambiente e ao patrimônio histórico e cultural.

Prevista hodiernamente no art. 5°, inciso LXXIII, da CF, a ação popular pode ser intentada por qualquer cidadão e busca um provimento judicial que confira a proteção dos direitos difusos. É uma composição cuja primeira aparição se procedeu na Constituição Federal de 1934.

Referências

ACCIOLY, Hildebrando; SILVA, Geraldo Eulálio do Nascimento. *Manual de direito internacional público*. 15. ed. São Paulo: Saraiva, 2002.

ALLEMAR, Aguinaldo. *Direito internacional*. 2. ed. Curitiba: Juruá, 2006.

AMARAL, Renata Campetti. *Direito internacional público e privado*. Porto Alegre: Verbo Jurídico, 2006.

AMARAL JÚNIOR, Alberto do. *Direito internacional e desenvolvimento*. Barueri: Manole, 2005.

AMBOS, Kai; CARVALHO, Salo de. *O direito penal no estatuto de Roma*: leituras sobre os fundamentos e a aplicabilidade do tribunal penal internacional. Rio de Janeiro: Lumen Juris, 2002.

AMBOS, Kai; CHOUKR, Fauzi Hassan. *Tribunal penal internacional*. São Paulo: RT, 2000.

AMBOS, Kai; MALARINO, Ezequiel; ELSNER, Gisela. *Cooperación y asistencia judicial con la corte penal internacional*: contribuciones de América Latina Alemania, Espana e Italia. Montevidéu: Konrad-Adenauer-Stiftung, 2007.

AMBOS, Kai; JAPIASSÚ, Carlos Eduardo Adriano. *Tribunal penal internacional*: possibilidades e desafios. Rio de Janeiro: Lumen Juris, 2005.

ARAÚJO, Luis Ivani de Amorim. *Curso de direito internacional público*. 10. ed. Rio de Janeiro: Forense, 2003.

ARAÚJO, Luis Ivani de Amorim. *Direito internacional penal*: delicta iuris gentium. Rio de Janeiro: Forense, 2000.

BASTOS, Celso Ribeiro. *Curso de direito constitucional.* 17. ed. São Paulo: Saraiva, 1996.

BEHRENS, Hans-Jörg. Instigação, julgamento e recurso. In: AMBOS, Kai; CHOUKR, Fauzi Hassan. *Tribunal penal internacional.* São Paulo: RT, 2000.

BITENCOURT, Cezar Roberto. *Tratado de direito penal:* parte geral. 10. ed. São Paulo: Saraiva, 2006. v. 1.

BOSON, Gerson de Britto Mello. *Direito internacional público:* o Estado em direito das gentes. 3. ed. Belo Horizonte: Del Rey, 2000.

BRASIL. Poder Judiciário. Supremo Tribunal Federal. *Crime de racismo e anti-semitismo:* um julgamento histórico no STF: Habeas Corpus 82.424/RS. Brasília: Brasília Jurídica, 2004.

CAMILLO, Carlos Eduardo Nicoletti; FERRON, Fabiana. *Monografia jurídica:* uma abordagem didática. Belo Horizonte: Del Rey, 2001.

CANÇADO TRINDADE, Antônio Augusto. *A humanização do direito internacional.* Belo Horizonte: Del Rey, 2006.

CANÇADO TRINDADE, Antônio Augusto. *Direito das organizações internacionais.* 3. ed. Belo Horizonte: Del Rey, 2003.

CANÇADO TRINDADE, Antônio Augusto. *Tratado de direito internacional dos direitos humanos.* 2. ed. Porto Alegre: SAFE, 2003. v. 1.

CANÇADO TRINDADE, Antônio Augusto. *A proteção internacional dos direitos humanos:* fundamentos jurídicos e instrumentos básicos. São Paulo: Saraiva, 1991.

CARRILHO, Cristino. *Manual de história dos sistemas jurídicos.* Rio de Janeiro: Elsevier, 2009.

CASSESE, Antonio; DELMAS-MARTY, Mireille. *Crimes internacionais e jurisdições internacionais.* Trad. Silvio Antunha. São Paulo: Manole, 2004.

CASTRO, Amílcar de. Fundação 18 de Março. *Direito internacional privado*. 6. ed. Rio de Janeiro: Forense, 2005.

CHIMENTI, Ricardo Cunha. *Apontamentos de direito constitucional*. 4. ed. São Paulo: Damásio de Jesus, 2005.

COSTA, Tailson Pires. *Dignidade da pessoa humana diante da sanção penal*. São Paulo: Fiúza, 2004.

CRETELLA NETO, José. *Teoria geral das organizações internacionais*. São Paulo: Saraiva, 2007.

DALLARI, Pedro Bohomoletz de Abreu. *Constituição e tratados internacionais*. São Paulo: Saraiva, 2003.

D'ANGELIS, Wagner Rocha. *Direito internacional do século XXI*: integração, justiça e paz. Curitiba: Juruá, 2006.

DE CICCO, Cláudio; GONZAGA, Alvaro de Azevedo. *Teoria geral do Estado e ciência política*. São Paulo: RT, 2008.

DEL'OLMO, Florisbal de Souza. *Curso de direito internacional público*. 2. ed. Rio de Janeiro: Forense, 2006.

DEL'OLMO, Florisbal de Souza. *Direito internacional privado*. 4. ed. Rio de Janeiro: Forense, 2004.

DIMOULIS, Dimitri. *Manual de introdução ao estudo do direito*. São Paulo: RT, 2003.

DINH, Nguyen Quoc; DAILLIER, Patrick; PELLET, Alain. *Direito internacional público*: formação do direito, sujeitos, relações diplomáticas e consulares, responsabilidade, resolução de conflitos, manutenção da paz, espaços internacionais, relações económicas, ambiente. Trad. Vitor Marques Coelho. 2. ed. Lisboa: Fundação Calouste Gulbenkian, 2003.

DINIZ, Maria Helena. *Compêndio de introdução à ciência do direito*. (À luz da Lei 10.406/2002). 17. ed. São Paulo: Saraiva, 2005.

DINIZ, Maria Helena. *Lei de Introdução ao Código Civil brasileiro interpretada*. 16. ed. São Paulo: Saraiva, 2011.

DOLINGER, Jacob. *Direito internacional privado*: parte geral. 8. ed. Rio de Janeiro/São Paulo: Renovar, 2005.

FERNANDES, David Augusto. *Tribunal penal internacional*: a concretização de um sonho. Rio de Janeiro/São Paulo: Renovar, 2006.

FERRAZ JUNIOR, Tercio Sampaio. *Introdução ao estudo do direito*: técnica, decisão, dominação. 4. ed. São Paulo: Atlas, 2003.

FERREIRA FILHO, Manoel Gonçalves. *Direitos humanos fundamentais*. 8. ed. São Paulo: Saraiva, 2006.

FINKELSTEIN, Cláudio. *Direito internacional*. São Paulo: Atlas, 2007.

FIORILLO, Celso Antonio Pacheco. *Curso de direito ambiental brasileiro*. 7. ed. São Paulo: Saraiva, 2006.

FRAGOSO, Heleno Cláudio. *Lições de direito penal*: edição universitária. Rio de Janeiro: Forense, 1989. v. 1.

GALVÃO, Fernando. *Direito penal*: parte geral. 2. ed. Belo Horizonte: Del Rey, 2007.

GARCIA, Emerson. *Proteção internacional dos direitos humanos*: breves reflexões sobre os sistemas convencional e não convencional. Rio de Janeiro: Lumen Juris, 2005.

GONÇALVES, Joanisval Brito. *Tribunal de Nuremberg 1945-1946*: a gênese de uma nova ordem no direito internacional. 2. ed. Rio de Janeiro/São Paulo: Renovar, 2004.

GOUVEIA, Jorge Bacelar. *Manual de direito internacional público*. Rio de Janeiro/São Paulo: Renovar, 2005.

GRINOVER, Ada Pellegrini; FERNANDES, Antonio Scarance; GOMES FILHO, Antonio Magalhães. *As nulidades no processo penal*. 8. ed. São Paulo: RT, 2004.

GUERRA, Sidney. *Direito internacional público*. 3. ed. Rio de Janeiro: Freitas Bastos, 2007.

HOUAISS, Antonio et al. *Dicionário Houaiss da língua portuguesa*. Rio de Janeiro: Objetiva, 2001.

HUSEK, Carlos Roberto. *Curso de direito internacional público*. 6. ed. São Paulo: LTr, 2006.

JAPIASSÚ, Carlos Eduardo Adriano. Possibilidades e desafios de adequação do Estatuto de Roma à ordem constitucional brasileira. In: AMBOS, Kai; JAPIASSÚ, Carlos Eduardo Adriano. *Tribunal penal internacional*: possibilidades e desafios. Rio de Janeiro: Lumen Juris, 2005.

JAPIASSÚ, Carlos Eduardo Adriano. *O tribunal penal internacional*: a internacionalização do direito penal. Rio de Janeiro: Lumen Juris, 2004.

JO, Hee Moon. *Introdução ao direito internacional*. 2. ed. São Paulo: LTr, 2004.

KNIPPEL, Edson Luz; NOGUEIRA, Maria Carolina de Assis. *Violência doméstica*: a Lei Maria da Penha e as normas de direitos humanos no plano internacional. Porto Alegre: SAFE, 2010.

KREB, Claus. Penas, execução e cooperação no Estatuto para o Tribunal Penal Internacional. In: AMBOS, Kai; CHOUKR, Fauzi Hassan. *Tribunal penal internacional*. São Paulo: RT, 2000.

LAFER, Celso. *A internacionalização dos direitos humanos*. São Paulo: Manole, 2005.

LASMAR, Jorge Mascarenhas; CASARÕES, Guilherme Stolle Paixão e. *A Organização das Nações Unidas*. Belo Horizonte: Del Rey, 2006.

LENZA, Pedro. *Direito constitucional esquematizado*. 13. ed. São Paulo: Saraiva, 2009.

LIMA, Renata Mantovani de; BRINA, Marina Martins da Costa. *O tribunal penal internacional*. Belo Horizonte: Del Rey, 2006.

LITRENTO, Oliveiros. *Curso de direito internacional público*. 5. ed. Rio de Janeiro: Forense, 2003.

MAIA, Marrielle. *Tribunal penal internacional*: aspectos institucionais, jurisdição e princípio da complementaridade. Belo Horizonte: Del Rey, 2001.

MARITAIN, Jacques. *Os direitos do homem e a lei natural.* Trad. Afrânio Coutinho. 2. ed. Rio de Janeiro: José Olympio, 1947.

MATTOS, Adherbal Meira. *Direito internacional público*. 2. ed. Rio de Janeiro/São Paulo: Renovar, 2002.

MAZZILLI, Hugo Nigro. *A defesa dos interesses difusos em juízo*: meio ambiente, consumidor, patrimônio cultural, patrimônio público e outros interesses. 18. ed. São Paulo: Saraiva, 2005.

MAZZUOLI, Valerio de Oliveira. *Curso de direito internacional público*. São Paulo: RT, 2006.

MAZZUOLI, Valerio de Oliveira. *Tribunal penal internacional e o direito brasileiro*. São Paulo: Premier Máxima, 2005a.

MAZZUOLI, Valerio de Oliveira. Tribunal penal internacional e as perspectivas para a proteção internacional dos direitos humanos no século XXI. In: AMBOS, Kai; JAPIASSÚ, Carlos Eduardo Adriano. *Tribunal penal internacional*: possibilidades e desafios. Rio de Janeiro: Lumen Juris, 2005b.

MELLO, Celso Renato Duvivier de Albuquerque. *Curso de direito internacional público*. 15. Rio de Janeiro/São Paulo: Renovar, 2004.

MELLO, Celso Renato Duvivier de Albuquerque. *Direito constitucional internacional*. 2. ed. Rio de Janeiro/São Paulo: Renovar, 2000.

MELLO, Celso Renato Duvivier de Albuquerque. Extradição. Algumas observações. In: TIBURCIO, Carmen; BARROSO, Luís Roberto (orgs.). *O direito internacional contemporâneo*. Rio de Janeiro/São Paulo: Renovar, 2006.

MELO, Luís Gonzaga de. *Introdução ao estudo do direito internacional privado*. 2. ed. São Paulo: WVC, 2001.

MIRABETE, Julio Fabbrini. *Processo penal*. 16. ed. São Paulo: Atlas, 2004.

MONTORO, André Franco. *Introdução à ciência do direito*. 24. ed. São Paulo: RT, 1997.

MORAES, Alexandre de. *Direito constitucional*. 17. ed. São Paulo: Atlas, 2005.

MORAES, Alexandre de. *Direitos humanos fundamentais*: teoria geral, comentários aos arts. 1º a 5º da Constituição da República Federativa do Brasil, doutrina e jurisprudência. 5. ed. São Paulo: Atlas, 2003.

NADER, Paulo. *Introdução ao estudo do direito*. 22. ed. Rio de Janeiro: Forense, 2002.

NOVELINO, Marcelo. *Direito constitucional*. 3. ed. rev., atual. e ampl. São Paulo: Método, 2009.

OLIVEIRA, Miguel Augusto Machado de; SIQUEIRA JUNIOR, Paulo Hamilton. *Direitos humanos e cidadania*. São Paulo: RT, 2007.

PEREIRA, Bruno Yepes. *Curso de direito internacional público*. São Paulo: Saraiva, 2006.

PINHEIRO, Carla. *Direito internacional e direitos fundamentais*. São Paulo: Atlas, 2001.

PIOVESAN, Flávia. *Direitos humanos e justiça internacional*: um estudo comparativo dos sistemas regionais europeu, interamericano e africano. São Paulo: Saraiva, 2006.

146 Direitos Humanos

PIOVESAN, Flávia. *Direitos humanos e o direito constitucional internacional*. 7. ed. São Paulo: Saraiva, 2006.

RAMOS, André de Carvalho. O Estatuto do Tribunal Penal Internacional e a Constituição brasileira. In: AMBOS, Kai; CHOUKR, Fauzi Hassan. *Tribunal penal internacional*. São Paulo: RT, 2000.

REIS, Márcio Monteiro. *Mercosul, União Europeia e Constituição*: a integração dos estados e os ordenamentos jurídicos nacionais. Rio de Janeiro/São Paulo: Renovar, 2007.

REZEK, José Francisco. *Direito internacional público*: curso elementar. 10. ed. São Paulo: Saraiva, 2005.

RIZZATTO NUNES, Luiz Antônio. *Manual da monografia jurídica*. 5. ed. São Paulo: Saraiva, 2007.

RIZZATTO NUNES, Luiz Antônio. *Manual de introdução ao estudo do direito*. 4. ed. São Paulo: Saraiva, 2002.

SARLET, Ingo Wolfgang. *A eficácia dos direitos fundamentais*. 8. ed. Porto Alegre: Livraria do Advogado, 2007.

SEN, Amartya. *Desenvolvimento como liberdade*. Trad. Laura Teixeira Motta. 5. ed. São Paulo: Companhia das Letras, 2000.

SILVA, De Plácido e. *Vocabulário jurídico*. 14. ed. Rio de Janeiro: Forense, 1998.

SILVA, José Afonso da. *Curso de direito constitucional positivo*. 26. ed. São Paulo: Malheiros, 2006.

SILVA, Pablo Rodrigo Aflen da. *Tribunal penal internacional*: aspectos fundamentais e o novo Código Penal internacional alemão. Porto Alegre: SAFE, 2004.

SILVA, Roberto Luiz. *Direito internacional público*. 2. ed. Belo Horizonte: Del Rey, 2005.

SIQUEIRA JUNIOR, Paulo Hamilton; OLIVEIRA, Miguel Augusto Machado de. *Direitos humanos e cidadania*. São Paulo: RT, 2007.

Referências **147**

SIQUEIRA JUNIOR, Paulo Hamilton. *Direito processual constitucional*: de acordo com a reforma do judiciário. São Paulo: Saraiva, 2006.

SIQUEIRA JUNIOR, Paulo Hamilton. *Lições de introdução ao direito*. 5. ed. São Paulo: Juarez de Oliveira, 2003.

SOARES, Guido Fernando Silva. *Curso de direito internacional público*. 2. ed. São Paulo: Atlas, 2004.

SOUB, Maria Anaides do Vale Siqueira. *O Ministério Público na jurisdição penal internacional*. Rio de Janeiro: Lumen Juris, 2006.

STRENGER, Irineu. *Direito internacional privado*: parte geral, direito civil internacional, direito comercial internacional. 6. ed. São Paulo: LTr, 2005.

SEITENFUS, Ricardo; VENTURA, Deisy. *Direito internacional público*. 4. ed. Porto Alegre: Livraria do Advogado, 2006.

VARELLA, Marcelo D. *Direito internacional público*. São Paulo: Saraiva, 2009.

WACHOWICZ, Marcos. O direito de asilo como expressão dos direitos humanos. In: D'ÁNGELIS, Wagner Rocha. *Direito internacional do século XXI*: integração, justiça e paz. Curitiba: Juruá, 2006.

WAMBIER, Teresa Arruda Alvim; WAMBIER, Luiz Rodrigues; GOMES JUNIOR, Luiz Manoel et al. *Reforma do judiciário*: primeiras reflexões sobre a Emenda Constitucional 45/2004. São Paulo: RT, 2005.

WEIS, Carlos. *Direitos humanos contemporâneos*. São Paulo: Malheiros, 1999.

ZAFFARONI, Eugenio Raúl; PIERANGELI, José Henrique. *Manual de direito penal brasileiro*: parte geral. 5. ed. São Paulo: RT, 2004.